「話し合い」の技術

GETTING DISPUTES RESOLVED
Designing systems to cut the costs of conflict

William L. Ury,
Jeanne M. Brett
and Stephen B. Goldberg

交渉と紛争解決のデザイン

ウィリアム・L・ユーリ
ジーン・M・ブレット
スティーブン・B・ゴールドバーグ【著】

奥村哲史【訳】

東京　白桃書房　神田

ヴァレリー、ジリアン、アマンダ、ベンジャミン、
未来の紛争解決策定者へ

序　文

もっと話し合い、もう争わぬように人や組織を説得するにはどうしたらよいだろうか？　問題の処理を裁判に持ち込んだり、ストライキに訴えたり、関係を壊すような脅しをかけたり、物理的に攻撃し合うのが当たり前になっている場で、それをやめ、問題点を交渉で解決しようと促すにはどうしたらよいのか？会社や企業のジョイントベンチャーあるいは結婚でも、組織や関係が新しい場合は、どうすると将来発生する紛争を効果的かつ協調的に処理できるのだろうか？

部下との衝突や、部下同士のもめ事、顧客や販売業者との摩擦、社内の他の部署との軋轢と尽きることないコンフリクトに直面しているマネジャーの立場ではどうか。共同事業に生じた紛争を訴訟ではなく、交渉によって解決できるよう、事業契約を作成しようとしている弁護士の立場ではどうか。あるいは、当事者本人はもとより周囲の人たちにも高いコストを課すことを懸念しながら争いの解決に従事している調停人や司法関係者、家族問題のカウンセラーなど紛争解決の専門家の立場ではどうか。実社会では自分自身が紛争に関わることもあるし、部外者として問題に巻き込まれることもある。

状況はどうであれ、弁護士を雇う費用、生産停止や差し引かれる賃金、物理的損害や精神的なダメージなど、争いごとの費用は時に非常に高くなる。それに、紛争の結末にはたいてい不満が残るものだ。自分が望んでいたり、必要としたようにはならず、関係は損なわれ、協定は崩れ、昔の問題まで再発する。このような紛争が繰り返されると、状況はいずれ深刻になる。会社では生産性が衰え収益が落ち込み[1]、夫婦では子供たちも傷つき、離婚もある。国家間であれば流血の事態から戦争という悲劇に至ることもある。

予防できる紛争もあるが、発生してしまうものが多い。利害関係の異なる人々が常に接触していれば、摩擦や対立が起こるのは避けられない。そうした利害の相違がいずれ衝突をよび、紛争を生む。しかし、この紛争も、当事者たちが利害の違いを明らかにし、難しいけれどもトレードオフを実現し、それぞれにとっての(ベストではなくとも)重要なニーズを満たす解決にこぎ着け、他の領域で協調するようになれば、建設的な展開もありうる。そのプロセスは、人間と組織の成長と変革を促すものである。

紛争発生が避けられないなら、満足のいく解決を生み出すにはどうしたらよいのか? 特定の紛争については、個人的に問題に踏み込んで解決する努力も可能だろう。しかし仮にそれがうまくいっても、その問題をもたらした根本的な利害対立の火種が残っているなら、いずれ新たな紛争が起こり、関係者は再び争いに引き戻されるだろう。個別の紛争を越える影響力を発揮するには、当事者が活用できる手続を確立することが極めて重要になる。紛争当事者がより低いコストで、より満足のいく解決を得られることが大切なのだ。

一九六〇年代初め、インターナショナル・ハーベスター社の労使が取り組んでいたのがこの課題だった。当時、従業員の不満や苦情が交渉で解決されるのはまれで、ほとんどが費用のかかる労使裁定に持ち込まれていた。最終的には、常任裁定人だったデビッド・コールが、労働組合と経営者側を辛抱強く説得し、従業員から不満が上がったら、その日のうちに話し合いで解決するよう定め、この新しい手続を使わせることにした。改善の効果は目ざましかった。ある工場では、文書で出される不満の数が一か月四五〇から三に減り、労使関係も好転し、新しい契約条項に反対するストライキは、それまでの一二年間で初めて回避されたのだった。[2]

一九八〇年代にはＩＢＭと富士通が同様の課題に直面していた。このコンピュータ業界の二つの巨人は、ＩＢＭが同社のソフトウェアを富士通が盗用していると告発し、何百もの紛争案件を何年間にもわたって争っていた。膠着状態に陥っていたところ、両社は二人の裁定人、ロバート・ムヌーキンとジョン・ジョーンズの助けを借り、富士通は適額の賠償金を支払った上で、ＩＢＭのソフトを検討してから使用してよい、という一連の手続を交渉で取り決めた。ソフト使用に関する潜在的な紛争は、中立的立場の専門技術者によって解決されることになり、また補償に関する潜在的な紛争の方は、裁定人によって解決されると定められた。[3]

同じチャレンジはニューヨーク市のブライアント高校でも進められた。一九八〇年代初め、険悪な雰囲気と暴力によるトラブルに悩まされていたこの学校は、調停プログラムを制度化した。生徒、教師、事務職、保護者たちが数十人単位で調停技術の集中訓練を受けることになった。こうして養成された新しい調停役たちが、生徒教師間の問題から生徒両親間の問題、それに生徒同士の喧嘩に至るトラブルの解決にあたったのである。喧嘩による停学処分は急減し、学校全体の雰囲気も良くなった。プログラムの成功をみた他校もこの方式を採用するようになり、現在では全国に普及している。[4]

多くの家庭では、両親と反抗期にある一〇代の子供との間の摩擦があり、時には対立と喧嘩という悪循環から、裁判沙汰になることもある。その家族が法廷に持ち込んだ問題は解決されたとしても、根本的な原因が解決されていなければ、対立、争い、そして訴訟というパターンが繰り返されることになる。この悪循環を断ち切るために、マサチューセッツ州の児童ヒアリング・プロジェクトは、家族問題について、対立し、争うのではなく、交渉《話し合い》で問題解決することを教えた。半年から九か月の受講で、参加した家族の三分の二が口論も喧嘩も減ったと報告し、約半数が話し合いで対立を解決するようになったと回答した。(5)

これらの実例は、紛争解決の方式変更で争いのコストを削れることを示している。しかし、手続を変えるだけでは十分ではない。紛争当事者が、その新しい方式を使う意欲と技術と資源をもっていなければならないのだ。挑戦課題となるのは、紛争解決の仕組、使用中の手続全体と使い方に影響する要因を変えることである。これによって人も組織も、争うという態度から、相違点について話し合う、という姿勢に変われるのだ。

紛争解決システムの設計は、治水システムの設計に似ている。「雨が降るのと同じように、コンフリクトの発生も避けられない」。適切にコントロールできれば、それは恵みとなり、準備のない場所に集中して降れば災害にもなる。課題《チャレンジ》は、紛争を低コストの方式で解決に導く構造を築き上げることである。本書はこの課題に挑む。

本書の目的と狙い

本書は、石炭産業における紛争解決制度の策定者としてのわれわれ自身の経験と、企業、行政組織、学校、教会、地域社会、家庭、国家のためにシステムを設計してきた人々の経験に基づいている。ここでは、そうした経験から学んできた教訓の精製を試み、石炭産業でわれわれが行なった努力の軌跡をケース・スタディとして示している。

本書はいろいろな領域の読者を想定している。まず、仕事として紛争処理にあたっている弁護士、調停員、外交官、裁判官、裁定人、労組代表、人事管理担当者、オンブズマン、法務担当者、家族問題のカウンセラーといった人々。そして、自分の組織や諸関係に生じるコンフリクトが引き起こすコストに困っていて、もっと良い紛争解決制度を作りたいと考えている人々。たとえば、顧客からの苦情を処理するための無駄のない手続を探している顧客対応担当の管理職や、ジョイント・ベンチャーに発生した紛争を解決するための方法を探している経営者、あるいは政府規制に対する果てしない訴訟を考えなければならない官僚などである。また他の問題、たとえば生産性改善など、解決の鍵は紛争解決制度の変革だと言わせるためだけに依頼を受ける組織コンサルタントのような人々もある。そして、代替的な紛争解決システムの理解、開発、評価に関心のある学者、研究者、学生の方々にもぜひ読んでいただきたい。

全体像

本書はまず、われわれのアプローチの基礎となる考え方の枠組を示す。第1章では、紛争を解決する三つの主要な方法を峻別する。紛争当事者の本当の利害の調整、誰に権利があるかの決定、誰に権力があるかの決定、である。利益アプローチを具体化するのが問題解決型交渉である。訴訟は権利型であり、ストライキや戦争は権力型の典型である。われわれは、全体としては、利益型が権利型よりコストがかからず、メリットは大きく、権力型は権利型よりもコストがかかり、メリットも少ない、と考えている。従って、目指すのは、利益中心の手続を基準に、低コストの権利手続（助言型裁定など）や低コストの権力手続（投票による決定など）を補助手段として、当事者がいつでも使える制度を策定することである。

このような新制度に向かって動き出すための第一歩は、既存の仕組を診断することである。第2章では、紛争解決システムのモデルを提示している。この診断は三つの設問に集中している。すなわち、どんなタイプの紛争が起こっているのか？　その紛争がどのように処理されているのか？　紛争当事者がなぜ他のやり方ではなく今の手続を使っているのか？　である。基本となる要因、たとえば、手続、意欲、スキル、資源などの不足を特定することで、どんな変革を行なうべきかが見えてくるかもしれない。手続を前よりも低いコストで、前と同じニーズを満たせるように改定できるだろうか？

第3章では紛争解決制度策定のための六つの基本原則を立てている。第一は、利益を中心にすること。第二は、紛争当事者が交渉に戻るのを促すような手続、われわれがループバックと名づけた手続を設計すること。第三は、それらがうまく機能しないときに、紛争を最終的に決着できる低コストの権利型の手続と権力型の手続を提供すること。第四は、事前の協議手続と紛争後の建設的なフィードバックの手続を構築することによって、できる限り紛争を避けること。第五は、いろいろな手続を、コストの順に配列すること。そして最後の原則は、そうした手続のすべてを機能させるのに必要な動機づけ、スキル、資源を提供することである。この六原則を適用することで、低コストの紛争解決制度を構築できる。

しかし、こうした原則だけで機能的な仕組が生まれるわけではない。第4章で示すように、紛争解決制度の策定は政治的な作業でもある。技術的な作業だけでなく、支持を取りつけ、抵抗勢力に対処し、変更した手続を使う人たちを動機づけ、最良の変革を実行することなのだ。しかも正しい解答が一つだけという問題ではなく、関係者を納得させればよいというだけでもない。何が間違っていて、何が必要で、状況には何が機能して、何が機能しないか。実は当事者自身がこれらに有効なアイディアをもっていることもよくある。策定者の知識は、そうした人たちの認識と融合していかなければならない。さらに策定のプロセスでは、どんな変更が適切かで、意見の合わない関係者間の調整が要求されることもあろう。だから、こうした人たちを診断、設計、実行の過程に巻き込みながら、一緒に作業していくことが紛争解決制度策定の大切なポイントになる。

紛争解決制度の診断、設計、変革の実行過程を解説してから、石炭産業における制度策定の詳細な事例研究に移る。第5章では、ブレットとゴールドバーグによる、軟炭産業の山猫ストライキに関する一九七八年の調査を述べる。この炭鉱は、毎年三〇〇〇以上ものストライキが打たれる状態に悩んでいた。この研究は、山猫ストを頻繁に起こさぬ炭鉱経営も可能だが、そのためには炭鉱責任者と労働組合との間に問題解決型の関係を確立しておくことが条件だと結論する。

第6章でみるように、一九八〇年にわれわれはチームを組み、おそらく石炭産業の中では最も深刻なストライキ病に冒されていた炭鉱の治療にあたった。クリーク炭鉱は過去二年間に三〇の山猫ストが行なわれ、爆弾による脅し、レイオフ、怠業、そして一一五名の鉱夫が留置場送りになるなどの騒動に振り回されていた。[6] 事態は炭鉱閉鎖が真剣な選択肢になるほど深刻化していた。われわれは労組と経営者側からの提案を受けつつ作業を進め、問題を診断し、鉱夫と管理職の間での話し合いを促す変革計画を設計していた。改革案の黒子となり、関係者が計画を実行に移すのをサポートしたのである。この介入の後、クリーク炭鉱の山猫ストは一年近く収まった。不満不服はうまく交渉によって解決されたのである。炭鉱の生産性は著しく向上し、一時解雇されていた鉱夫たちも復職することができた。八年後、この紛争解決制度は改善され、なお用いられている。

第7章は、一つの炭鉱での紛争解決制度からの教訓を、この業界全体に応用したゴールドバーグの努力を述べている。一九八〇年初め、彼は、権利型裁定に代わる案として権利型調停を導入し、石炭産業の不満問題の処理の仕組を変えたいと考えていた。調停は裁定よりも早く、費用もかからず、より満足のいく結果をもたらすことが確実だった。この可能性はまもなく現実のものとなったが、調停方式が他の業界に応用されるようになっても、依然としてしぶとい抵抗が残っていた。この章は、そうした抵抗の原因とこれを克服していったゴールドバーグの努力の軌跡を論じている。

本書は紛争解決制度設計のための基本的概念枠組、実務家のための多彩な教訓と事例、綿密に記述した事例研究を提示している。紛争解決システムの設計は、コンフリクトにかかるコストを削減する具体的な方法であると同時に、満足のいく解決策がもつ利益と恩恵を実現化する方法でもある。体系的なアプローチによる明確な貢献は、個別の紛争にのみ当てはまるのではなく、あらゆる関係、あらゆる組織に発生し、絶えることなき紛争に応用できるものである。

一九八八年九月

マサチューセッツ州リンカーン市　　ウィリアム・L・ユーリ
イリノイ州シカゴ市　　ジーン・M・ブレット
そしてフランス、ヴェナスク村にて　　スティーブン・B・ゴールドバーグ

日本語版への序文

私たちは、日本の研究パートナーである奥村哲史教授が『Getting Dispute Resolved』を翻訳してくれたことをたいへん嬉しく思っています。また、コンフリクト・マネジメントに関心をもたれた管理職や専門家の方々に、本書の紛争解決という構想が、日本の状況にも有効であると認めていただけることを期待しています。

本書は、紛争をめぐる利益、権利、権力（ＩＲＰ）の理論、そして紛争解決のための制度策定、という二つの中心構想を軸に展開しています。この発想は、一九七〇年代後半、米国の石炭産業でわれわれが行なった研究から導かれています。石炭は、当時の合衆国では電力の主燃料であり、鉱夫たちの文化は他国の炭鉱と同じように闘争的なものでした。山猫ストという、団体交渉中に行なうのは労働協定違反となる手段に訴える権力示威行動が頻繁に発生していました。われわれの調査では、鉱夫が不服や不満をもう「我慢」できないとなったときに、それを解消するのに取りうる選択肢は三つあるのがわかりました。「利益 Interest」つまり自分たちの主張の背景にある問題点から解決策を交渉すること。契約事項の解釈を基準にして「権利 Right」に訴えること。またはストライキや爆破脅迫という「権力 Power」行使によって主張を通すことでした。スト頻度の低い炭鉱では、利益中心の解決が見られましたが、ストの頻度の高いところでは状況が違いました。そこでは、権利型の紛争解決手続である裁定への依存度が極めて高いのに、鉱夫側にはこの手続の公正さに対する根深い不信感が染みついていました。鉱夫が頻繁な山猫ストや爆破脅迫という形で権力に訴えるのは、自分たちの要求に関心を向けさせるためだということは、調査を始めた時点からわかってはいました。紛争解決制度の策定は、そうした悩める関係を仲裁するための枠組です。大多数の紛争が権利型や権力型で処理され、利益中心に解決されるものがほとんどないような関係を、大多数を利益型で解決し、権利型や権力型の処理があまりない関係に変換するシステム設計が目標なのです。第1章ではこのIRP理論を概説し、第2、3、4章では制度策定の実践に移ります。

本書の後半は、IRP理論と制度策定実務の基礎となった三つの研究からなります。第5章は、産業全体のスト行動を調査した山猫スト研究です。ここではスト頻度の違う炭鉱の比較調査から、機能不全に陥っている労使関係と関係良好の労使の違いについて、一般的傾向を見出すことができました。第6章のクリーク炭鉱研究は、スト頻度の高いある炭鉱の労使関係で進めた深い介入の軌跡です。紛争解決の制度策定の実践につながる介入原則を見出したのは、深刻な紛争問題に悩むこの炭鉱でした。第7章の不服調停研究は、いくつかの炭鉱現場での試験的介入で、最終的にわれわれはこの試みを産業全体に広めていきました。不服調停は、当時広範に用いられながら信頼されていなかった権利型の裁定手続とは対照的に、利益を中心に不服を解決するために設計されたものです。

紛争のIRP理論と解決制度の策定実務は、労使関係の領域をはるかに越え、米国の様々な領域にインパクトを与えてきました。IRP理論は、交渉と他の紛争解決手法からなる戦略的フォーカスを絞り込むための枠組を提供し、解決制度の策定は、紛争解決担当者の一つの任務となっていったのです。

コンフリクト・マネジメント論では、自他の利益成果から状況を考える二次元モデルが長い間主流でした。コンフリクト・マネジメントとは、相互依存関係にある当事者間の対立を解決する努力の一般的ケースで、紛争解決とは、要求が出され、またそれが拒否されることに始まる個別のケースのことです。二次元モデルは、自分の利益と相手の利益の相対的な配分を基準に、対立処理に次の五つのスタイルを提示しています。(1)統合。自分の利益と相手の利益の実現度が高い場合。(2)妥協。双方の利益の実現度が中くらいの場合。(3)支配。自分の利益の実現度は高く、相手のは低い場合。(4)譲歩。自分の利益実現は低く、相手のは高い場合。(5)回避。双方の利益の実現度が低い場合。[1] このうち四つがIRPの枠組に合います。統合は利益中心型、妥協、支配、譲歩は権利ないし権力型だといえます。回避については本書では「我慢する」という表現を使い、解決するしないというより、紛争に目をつぶることで、紛争解決という視点からは外れます。

IRPモデルは、この二次元モデルより強固であるだけでなく、一般性の高い、ダイナミックな考え方です。紛争は交渉の他にも、調停、裁定、裁判、あるいはストライキ、報道による喧伝、戦争といった権力闘争など多くの対処様式があります。IRPのフレームワークは、こうした諸手続の多様性を効果的に分類しています。それによって紛争当事者も、仕事として紛争解決を担当する人も、手続選択、手続策定の際の考え方の基礎としてIRPを使えるはずです。さらに、紛争解決のプロセスは固定してはいないため、合意が見えてくるときの、話し合いの展開過程の特性を表すのにもIRPを応用できます。交渉も権利要求や権力によりかかるポーズに始まり、相手が譲歩するかどうかを試し、どちらも譲らないとなってから、ようやく利益に焦点が移ることがしばしばあります。情報交換によって、可能な合意条件がありそうなことを認識するかもしれませんが、いざ合意するとなると、その条件幅の中でできるだけ要求を通そ

うと権利や権力依存の態度に逆戻りすることもあります。(2)

今日では，紛争解決の実務家の中には，自らを調停人や裁定人だけでなく，解決制度の策定者だと考える人たちも出てきました。この実務領域は，専門家の連合機関であるコンフリクト解決協会の紛争解決制度策定および組織変革部門として認められるようになり，メンバーは地域社会，政府組織，家族問題，労使関係，それに一般企業，非営利企業のために紛争解決とコンフリクト管理業務を提供しています。紛争解決制度は，利益型，権利型，権力型の各手続からなる一連の解決システムなので，解決にかかる取引コストは低く，結果への満足度は高く，関係へのストレスと紛争の再発は低く抑えることが可能です。

解決制度策定は，制度を使って紛争を解決させる動機づけが必要であること，いろいろな手続，特に利益型手続を使うには，適切な技術が必要であること，そして制度がおかれている組織の中でも組織の間でも，低コストで質の高い解決を支持しなければならないことを認識しています。制度策定は，第6章のクリーク炭鉱で実行したように，機能不全に陥っている既存の制度に組み込むことも，サービスの提供者と消費者，または消費者間に発生する新規の関係に行なうこともできます。たとえば，スクエア・トレード・ドットコム社は，イーベイ社のネット取引に不満をもった売り手と買い手のために，交渉と調停からなるオンライン上の紛争解決制度を提供しています。イーベイの顧客間のコンフリクトを管理する最初の試みは，当事者がプラスの情報もマイナスの情報も書き込める評価掲示板を提供することでした。利用者はこの場を戦略的に使い始めました。たとえば，傷のあった商品を売り手に交換させるために，あるいは受け取った商品の代金を買い手に支払わせるために，情報を掲示できるのです。問題解決までは，このマイナス評価の情報を削除する方法はありません。イーベイとスクエア・トレードが策定したこのシステムは，制度を利用するよう当事者を動機づける必要性をよく認識しています。当事者間で解決できなければ，スクエア・トレードが用意した調停員にアクセスし、合意が成立した場合にのみイーベイ掲示板上のマイナス情報を削除する権利が生まれるようになっています。またこのシステムは、利益中心の交渉の技術を当事者に与える必要性も認識しています。具体的には、他の似たような紛争がどう収拾されているかの資料を交渉段階で提供し（情報フィルターの役割）、専任の真剣な調停員をリアルタイムで提供する（コーチの役割）など、利益中心の解決案を導けるようになっています。

ふりかえれば、このＩＲＰ理論と解決制度策定については、本書を著した時点では展開が不十分だったところもあります。たとえば、紛争回避行動や予防措置についての扱いが浅かったと考えていますし、紛争解決制度を整えることは可能であり、また機能不全に陥っている制度を改革できるというストレートな発想にも改善の余地があります。本書では一般理論を述べていると考えていましたが、制度策定が組み込まれる状況や背景についての意識にも、まだ狭いところがありました。ですから、価値観、信念、イデオロギーといった広範な文化的背景や、ＩＲＰ理論と制度策定の概念が国境を越えて応用できるかどうかについてはアプローチしませんでした。

コンフリクト・マネジメント論では、回避という用語には否定的な意味合いがあります。紛争がひとりでに消滅してくれるかのような希望のもと、当事者が足を踏み込まぬようにと爪先立つような姿が連想されるためです。本書では、「我慢する」というかなり一方的な用語で、拒絶された要求をそれ以上追求せず、取り下げる行動を表してきました。二次元モデルを使った比較文化型のコンフリクト管理研究は、アジアでは回避戦略が米国より頻繁に選択されることを報告しています。(3)

最近の研究では、回避行動に二つの重要なポイントが指摘されています。(4) 第一は、紛争に巻き込まれてしまってから回避といっても、実際には難しいという現実です。一方が要求を取り下げることは可能かもしれませんが、全員となると厄介なはずですし、絶対譲らぬという人が出てくるものです。第二に、コンフリクト管理の東西のスタイルを区別するのは回避行為ではなく、対決の仕方が直接的か間接的かということです。交渉、調停、裁定、裁判、戦争、そして他の権力闘争のいずれにも利益、権利、権力行使の直接対決が絡みます。しかし、同じように利益、権利、権力があっても、間接的な対処も可能なのです。たとえば、当事者に利益を焦点にした情報を示してもよいでしょうし、特定の行為の前例がない理由を説明するために、代理調停人として第三者を採用してもよいでしょう。また、要求が通らないからと頑なに引きこもるような態度を取って、相手を途方に暮れさせる、そんな形態もあります。こうした対決戦略はいずれも回避ではなく、すべて行為を伴うものであり、違いは間接的という点です。しかもこれらは、顔を立てるということを重視する東洋文化では、西洋より一般的なはずです。

本書の後、紛争予防をテーマにした本はほとんど出されていません。われわれの提案は、まず周知すること、そしてコンサルティングはあくまでも後から行ないなさい、でした。これは今でも有効な助言だと思いますが、関係不良のところに解決制度を導入するという継続的な経験を強調しているのではありません。制度策定の核心にある意義は、紛争を低コストで質の高い結果になるように解決する力を人々に与えることなのです。策定した制度が予定通りに機能すれば、コンフリクトのレベルは低下していきます。それはコンフリクトが紛争になる前に管理され、また紛争がエスカレートする前に、問題の近くにいる人たちの手で解決されるからです。

われわれは制度策定の成功をみてきましたが、それが失敗するのも目のあたりにしてきました。制度策定の導入、特に関係不良の場へ導入すること、制度を機能させること、そして最も重要な、制度を持続させることは、なまやさしい作業ではありません。これには第4章で論じた以上の、あらゆる組織改革の技術が必要です。後の文献では、組織革新の実践的理論を借りた、制度策定の導入と実行の技術が強調されています。われわれが本書を著した時点で理解不足だったのは、制度策定が機能するのは、当事者が認め、尊重する新しいパワーバランスを制度自体が正当化するためだという事実でした。制度策定による介入は、現状を維持したり合法化することではありません。制度策定は、それまで権限が与えられていなかった当事者の役割をバックアップする、新しい現実をインストールすることです。これによって、それまでは自分の要求に目を向けさせるために権力に頼らざるを得なかった人たちに、彼らの利益のために交渉するという正当性が与えられます。しかし既得権益のある人たちはなかなかそれを手放そうとしないので、制度策定のあらゆる試みに抵抗する傾向があり、これが策定制度の実行の障害になります。

　ではＩＲＰモデルと紛争解決制度の策定という二つの構想が、はたして日本の社会文化的背景の中で役に立つのかどうか。これは読者の方々にはもっとも重要な設問になることでしょう。日本においても、直接的、間接的対決が利益、権利、権力に基づくことは明らかだと思います。いくつかの比較文化型の実証研究では、日本の管理職がたとえば米国やドイツの管理職に比べ、権力に依存する傾向があることが報告されています。[5] しかし、本書の訳者あとがきに記されるように、個別労働紛争や家族、都市問題など、かつては社会的枠組が抑止力となり、顕在化しなかったコンフリクトが紛争化しつつあり、人々が好むと好まざるとに関わらず、それに関与しなければいけない時代になりつつあるとき、日本の方々にも利益中心のアプローチで紛争解決に臨むための知識と技術を学んでいただく意義は小さくないと思います。

　われわれは、日米間の文化の違いを尊重しつつ、この二つの構想を日本の読者の方々に問いたいと思います。ＩＲＰ理論と解決制度策定を試される中で、友人たる日本の研究者と実務家の方々が、その豊かな洞察力を活かし、日本におけるコンフリクト・マネジメントをさらに発展させて下さることを確信しています。

二〇〇二年春、再びヴェナスク、シカゴ、ボストンより

ジーン・M・ブレット
ウィリアム・L・ユーリ
スティーブン・B・ゴールドバーグ

日本語版への序文、引用文

(1) Pruitt, D.G. & Rubin, J.Z. 1986, *Social Conflict: Escalation, stalemate and settlement*, Randam House.

(2) Lytle, A.L., Brett, J.M., & Shapiro, D.L. 1999, "The strategic use of interests, rights, and power to resolve disputes," *Negotiation Jounal*, Vol.15, pp.31-52.

(3) Leung, K. 1997, "Negotiation and reward allocations across cultures," in P.C. Earley & M. Erez (eds.), *New perspectives on international industrial/organizational psychology*, pp.640-675. Jossey-Bass.

(4) Brett, J.M. 2001, *Negotiating globally*, Jossey-Bass.

(5) Adair, W.L., Okumura, T., & Brett, J.M. 2001, "Negotiating behavior when cultures collide: The United States and Japan," *Journal of Applied Psychology*, Vol.86, No.3, pp.371-385.

Tinsley, C.H., 1998, "Models of conflict resolution in Japanese, German, and American cultures," *Journal of Applied Psychology*, Vol. 83, No.2, pp.316-323.

目次

第6章　低コストの解決制度の策定——多発ストライキに悩む炭鉱への介入……114

第1部

紛争解決制度の理解と設計

前半の四つの章は紛争解決制度を策定するための基本的なフレームワークである。第1章は、策定の目的、すなわち利益中心の制度を述べる。第2章は、おかれた状況で何が問題かを診断する方法を、また関係や組織がまだ成立していない場合には、何が必要かを診断する方法を提案する。第3章は、制度改善の策定にどう取り組むかを論じる。そして第4章では、診断、設計を進め、変革を実行に導くための関係者との共同作業を検討する。

このフレームワークは策定者として働いた経験だけでなく、われわれがインタビューしてきた他の策定者たちの経験から抽出した教訓を基礎にしている。また本書のアイディアは新しく、今後さらに検証すべきものも多い。この枠組が唯一最善の方法というわけではない。むしろ、いつの日か理論と実践が融合する成熟分野となるようにとの願いを込めた、開拓者としての第一歩なのである。

第1章 紛争解決のための三つのアプローチ
――利益、権利、権力

事件《こと》の発端は、一足の作業靴の盗難だった。ふつう、炭鉱夫たちは勤務が終わると、自分の作業着を浴場の天井に吊るしたかごに入れておく。ある晩、一人の鉱夫が自分の作業靴が失くなっているのに気づいた。(1) 作業靴がないと作業現場に出られない。怒った彼は、職長のところに行って言った。「ちきしょう、誰かが作業靴を盗みやがった。なんてことだ。おかげで今日の賃金をもらえず、長靴一足分の金まで払わなきゃならないなんて。こんな話があるか！ 会社がちゃんとこっちの財産を守ってくれないからじゃないか」。「運が悪かったんだな」。職長が答えた。「会社の構内に残された個人の持ち物については、会社には責任がないんだ。炭坑規則にちゃんと書いてあるだろう」。

この鉱夫は不満たっぷりにつぶやいた。「見てろ！ 俺が今日、仕事できないんなら、誰もできないようにしてやる」。彼は、一緒にストライキを打つよう数人の仲間を説得した。組合も団結し、全員が同調した。

炭鉱の責任者は、後にこう語った。自分なら盗まれた作業靴の代わりを鉱夫に与えただろうし、あの時の職長もそうすべきだった。「もし職長が鉱夫に、わかった、新しい作業靴を買ってやろう、それともしばらくの間貸そうか、ぐらい言っておけば、ストライキは起こらなかったはずだ」。この管理者は自分の紛争解決方法が、職長や鉱夫のやり方よりも良いと思っていた。では、この管理者が正しいと言えるのだろうか？　もし正しいなら、理由は何か？　どんな方式なら他の紛争解決手順よりも良いと言えるのか。

この章では、紛争を解決するための三つの方法を議論する。紛争当事者の利害を取りまとめること、誰に権利があるのかを決めること、そして誰に権力があるのかを決めること、というアプローチである。紛争の総費用は、取引コスト、結果への満足度、関係への影響、そして紛争再発頻度から分析する。全体としては、利害調整にかかるコストは、誰に権利があるかを決めるより低くて済むし、結果への満足度も高い。さらに権利者を決めるためにかかるコストは、誰により大きな権力があるのかを決めるコストより低く、満足度も高い。したがって、紛争解決制度の設計目的は、紛争の多くを利害調整によって解決できる仕組を作ることである。

紛争解決の三つの方法

作業靴事件の診断

紛争は、人や組織がクレームを訴えたり、要求を主張し、それを相手が拒絶したときに始まる。[2] クレームは、損害を受けたと感じたり、欲求や強い欲望を抱くことから生まれる。[3] あの鉱夫が作業靴盗難の苦情を職長に告げたのは、会社の責任で損害を弁償せよという要求だった。紛争は、この要求を職長が拒否したことから始まった。紛争の解決とは要求と拒絶という対立する立場を一つの形にまとめていくことである。[4] 作業靴事件の解決は、交渉による合意、裁定人による判定、あるいは鉱夫が要求を取り下げるか会社が要求をのむか、のいずれかになるはずだ。

紛争では、人々の何らかの利益が危うくなっている。また、何らかの準拠枠や権利が、公正な結果の方向を指示する標識となっている。さらに、当事者間には何らかの力関係《パワー・バランス》が存在する。これがあらゆる紛争の基本三要素となる、利益、権利、権力なのだ。だから、紛争を解決するには、当事者はこの三つの基本要素のどれかに焦点を絞り込むことになる。すなわち、（1）自分たちの重要な利害を調整しようとする、（2）誰に権利があるかを決定しようとする、か、（3）誰により大きな権力があるかを決定しようとする。

鉱夫は盗まれた作業靴について会社が何かすべきだという主張を通そうとし、権利要素を狙った。「会社が所持品を管理できなかったがために、自分がその日の賃金と作業靴代を損するいわれはないはずだ」。職長が炭坑規則を持ち出して対応したが、これは鉱夫の主張に乗り、誰に権利があるかというポイントを引き継いだ形である。鉱夫は自分が正しいと思っているものを勝ち取ろうとしたが、それが通らないことで苛立ち、ストライキの引き金を引いた。焦点を権力《パワー》に変えたのだ。「思い知らせてやる」と。言い換えれば、自分と鉱夫仲間がいかに大きなパワーを握っているか、つまり会社側が石炭生産をどれほど鉱夫に依存しているかを知らしめようとしたのだ。

この鉱山の責任者は、利益に重点を置くべきだと思った。鉱夫の利益は作業靴代と日当にあり、会社の利益は鉱夫が配置通りに作業することにあった。権利が関わり（公正の問題があり）、権力も関わっていた（鉱夫にはストを引き起こす力があった）が、この責任者は双方の利益を強調した。作業靴盗難に端を発するこの状況を、会社が解決を補助できる協力問題として考えたはずだというのだ。

利害関係の調整

利益には、欲求、欲望、関心、不安など、人が心配したり求めたりすることも含まれる。これは人それぞれの立場の基礎となっている。たとえば、ある夫婦が新車購入の出費について口論している場合、夫の裏の利益は価格や車自体ではなく、友人に見栄を張るという隠れた欲望にあり、車は足代わりだという妻の主張は表向きで、出費を抑えることが利益かもしれない。電機メーカーの販売部長が、テレビのモデル数と生産台数について生産部長と対立している場合。販売部長がより多くのモデルを要求しているのは、販売台数という利益に焦点がある。モデルが多ければ消費者の選択の幅も広がり、販売が伸びるはずだ、と。生産部長は、モデル数を減らし製造コストを削減したい。モデル数が増えればコストもかさむからだ。

こうした利害関係の調整は容易ではない。奥深く潜む関心や懸念を探り、創造的な解決案を考え出し、利害のぶつかり合う中で交換と譲歩を実現させなければならない[5]。これを実行するための最も一般的な手続がネゴシエーションである。これは合意達成に向けて辛抱強くコミュニケーションを図る行為である（手続とは、紛争解決を目指す相互作用型の行動パターンをいう）。もう一つは、当事者の合意形成を第三者が補助する調停であり、これも利益重視型手続である。

すべてのネゴシエーションや調停が利害関係の調整を目指しているわけではない。誰に権利があるかを決めるための交渉もある。二人の弁護士が勝てる可能性をめぐり担当事案の綱引きをしている場合がそうである。また、権力があるのは誰かを決める交渉もある。住民同士のいさかいや、国家間の紛争で脅しや脅迫返しが応酬されるのがこの一例だ。現実には、交渉にはこの三つの要素が組み合わさっていることが多い。利益を満足させようとしつつ、権利についても話し合い、相対的な力関係にも準拠する。そこで、われわれは利益に主眼をおく交渉を「利益型」交渉とし、他の二つを「権利型」「権力型」と呼ぶことにする。利益型交渉の別名を「問題解決型交渉」という。この交渉が、紛争を当事者自身の手によって解決すべき問題として扱うからである。

利害関係を調整するプロセスを効果的に始めるには、紛争当事者が自分の感情を放出しておくことも必要であろう。紛争にはまず間違いなく感情が関わっている。感情が紛争を生み、その紛争がさらに感情を煽るというパターンもよくある。作業靴事件の鉱夫が職長に食ってかかった裏には、積もるフラストレーションがあった。職長の対応に対する怒りがスト強行まで鉱夫の感情を煽り立てたのだ。

抱え込んでいる気持ちを表に出すことが、解決策の交渉に機能的に作用することもある。特に人間関係の対立の場合、腹を立てている側が、相手の前で怒り、憤り、フラストレーションを吐露し、攻められている側が感情に妥当性を認めたり、また一歩進んで詫びを示すことになれば、敵対心が目に見えて薄らいでいくことがある。[6] 敵対心が静まれば、利益を中心にした紛争解決が進みやすくなる。利益型交渉と調停のパターンによっては、うっぷんを晴らしておくことが重要な役割を担う。

誰に権利があるかを決める

紛争解決のもう一つの方法は、認められている合法性や公正などの何らかの独立した基準に従って、誰に権利があるかを決める方式である。そのような独立的な基準をまとめて「権利」と呼ぶことにする。権利には法律や契約として公式に定められているものもあれば、互恵関係、前例、平等、年功・先任順位のように行動の標準として社会的に受容されているものもある。[7] 作業靴騒ぎでは、鉱夫は新しい靴を要求する契約上の権利はなかったのだが、自分なりの公平感を基準にして、会社の敷地内で盗まれた私有物も会社が弁償すべきだと考えたのだ。

だが権利関係は必ずしも明確なわけではない。適用基準が違うことはよくあるし、対立する基準が現れることもまれではない。権利についての合意は、その結果で誰が何を得るかが決まることになるので、成立が難航するのはしばしばで、当事者間では誰に権利があるかを決められず、この決定を第三者に委ねざるをえなくなることも頻繁に起こる。権利手続の基本形は裁判による決定である。拘束力のある決定を言い渡す権力をもつ中立的第三者に、当事者が証拠と論拠を提示する（対照的に、調停では第三者には紛争を決裁する権力はない）。公的な裁定は、裁判所や行政機関で行なわれる。私的な裁定は、裁定人によって行なわれる。(8)

誰に大きな権力があるかを決定する

紛争を解決する第三の道は、権力に基づく方法である。ここでは権力《パワー》をやや狭い意味で用い、強制されなければやらないことをさせる能力、と定義する。一般的に、権力行使とは相手側にコストを課したりコストを負担するように脅すことをいう。作業靴の鉱夫は、ストによって会社に経済的コストを負わせる力を行使した。権力行使には二つの一般形態がある。一つは攻撃行動、たとえば破壊行為や物理的攻撃である。もう一つは、従業員がストによって労働力を保留するときのように、関係から派生するメリットを遮断することである。

労使関係、組織内関係、家族関係といった相互依存関係においては、誰に大きな権力があるかという問いは、他者への依存度が少ないのは誰か、に置き換えてもよい。(9) 従業員の賃金を求める以上に、会社が従業員の労働力を必要としている場合は、会社側の依存度が高く、パワーが小さいことになる。依存度は、それぞれの選択肢がいかに当事者の利益を満たしているかによって決まる。優れた代替案は、それだけ依存度が小さいのだ。会社がスト中の従業員を解雇し、新たに人を採用することが、スト中の従業員が新たに職を見つけることより容易なら、会社の依存度は小さく、会社の方が強いことになる。権力に訴える行動は、ストライキの他に中傷や嘲笑、破壊行為や戦争状態までと幅広い。共通するのは、相手を強制し、権力行使側が満足するような条件で争いをまとめようとする意図があることだ。権力手続には二つのタイプがある。一つは権力中心の交渉で、脅しを応酬するパターンとなるもの。もう一つは権力闘争で、誰が優勢かを決めようと当事者が措置を講ずるものである。

決定力があり破壊的に作用する可能性のある権力闘争を抜きにして、誰が強いかを決めるのは難しい。なぜなら権力とは、突きつめると感じ方の問題だからだ。財務資源のように、客観的な権力指標もあるが、自分の権力や相手の権力について当事者の認識が一致していないことはよくある。互いが相手のパワーを読み違えると、闘争に予想以上の資源を投入してしまうこともあるし、パワーバランスの変化で紛争の展開も変わり、そのリスクを省みることもしなくなる。

図1　利益，権利，権力の相互関係

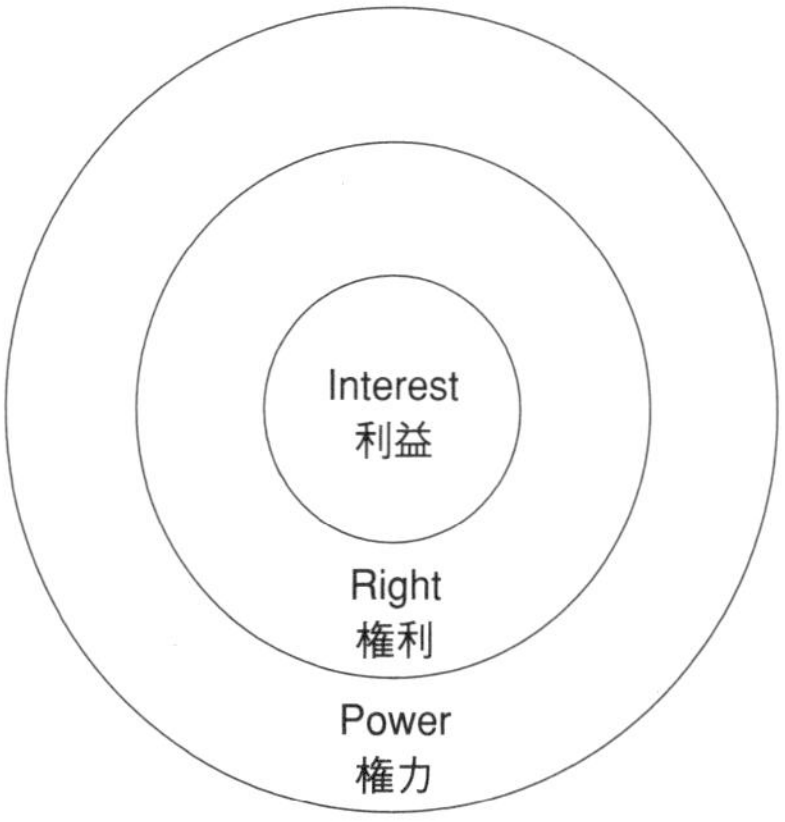

利益、権利、権力の間の相互関係

利益と権利と権力の関係は、図1のような同心円状に描ける。最も内側に位置するのが利益で、次が権利、外側が権力である。利害関係の調整は当事者の権利と権力との関わりの中で行なわれる。たとえば、ある紛争が訴訟やストライキになればどうなりそうかという予想は、解決策が発見できそうなバーゲニング・ゾーンを定めるのに役立つ。同様に、権利の決定は権力との関わりの中で行なわれる。たとえば、一方が裁判で勝っても判決が執行されなければ、紛争は続く。従って、解決のプロセスでは、焦点は利益から権利、権力へと移動し、それがさらに逆にシフトすることになる。

我慢と回避

紛争がすべて解決されるわけではない。当事者が紛争から手を引くという決定もある。この撤退には二つの形態がある。一つは「我慢する」で、自分の要求を取り下げ、相手の要求を受け入れるものだ。これは、勝つために紛争を継続することがもう自分の利益にならないと考えた場合や、満足できる解決を導く権力が自分にはないと判断した場合である。作業靴のケースでは、鉱夫が「盗まれた靴を会社が弁償しないのは絶対に納得できないが、だからといって特に行動は起こさない」と思えば、自分の要求を抑えただろう。もう一つは回避という形をとる。一方（または双方）が紛争関係から退却する、あるいは要求を大幅に縮小することである。[10] 組織を辞める、離婚、引っ越し、相手に道を譲る、などが回避である。

回避も我慢も特定の紛争解決手続とのからみで起こる。多くの権力闘争には、恫喝による回避、たとえば離婚などの脅しや、実質的には相手に諸々の負担を一時的にでも負わせるような行為、たとえばストライキや外交の遮断などがある。多くの権力闘争は、相手の要求に屈し、自らの要求や反論を取り下げる敗者を生んで終わる。その他は、退去や勝者から距離をとるなどの回避行動をとる敗者をもたらす。同様に、多くの交渉も、一方が要求貫徹を諦め、問題を我慢するという決定で終わる。あるいは、紛争を裁判に持ち込んだり、強制的行動には訴えず、一方（または双方）が関係を完全に断絶するという決定をする場合もある。これは紛争当事者がその関係以外に満足な選択肢があるのに気づいているときは一般的である。要求が突きつけられる前に我慢や回避がとられれば、紛争の機先を制することもある。作業靴の盗難という問題に直面したとき、鉱夫にはただ我慢し、何も要求はしないという選択肢もあった。逆にもっと過激に、憤りにまかせ職場を放棄し、そのまま辞めるという選択もあったはずである。

どのアプローチがベストか？

炭鉱責任者は作業靴事件の説明で、紛争をどう解決するかを一番に取り上げた。私たちの用語で言えば、どっちが正しいかとかどっちに権力があるかに焦点を当てるより、利害調整に努めるのがより良いということだった。では「より良い」とはどういうことか？　また利益に注目することがより良いとするなら、それはなぜか？

「より良い」とはどういう意味か？　四つの規準

利益、権利、権力と紛争解決へのアプローチが違うと、費用と便益も変わってくる。この費用と便益を取引コスト、結果への満足度、関係への影響、紛争の再発性の四つの規準で比較してみよう。(11)

「取引コスト」

炭鉱責任者にとって「より良い」とは、ストライキを招かず紛争を解決することだ。より一般的な言い方をするなら、紛争に関連する諸費用、つまり取引コストを最小にすることである。ストで最も重大なコストは経済的な費用である。炭鉱が空転している間も、管理職への給与と一般経費は出ていく。ストが暴動になり会社の所有する財産を破壊することもある。鉱夫側にもスト中の賃金が得られないなど、ロスが生じる。会社には、一連のストのせいで貴重な販売契約も放棄せざるをえないなどの機会損失がある。家族の争いでは、いらだつ話し合いに不愉快な時間が使われ、精神的ストレスや心痛にさいなまれ、もっと楽しいことや有益なことに使えたはずの機会が失われる。あらゆる紛争解決手続には、この取引コストが発生する。争いの過程で、時間、金銭、心理的エネルギーが消耗し、様々な資源が浪費され、破壊され、機会が失われる。(12)

「結果に対する満足度」

紛争解決のアプローチの違いを評価する二番目の規準は、結果に対する当事者各々の満足度である。ストライキの結末は、あの鉱夫にとって完全に満足のいくものではなかったかもしれない。たとえば、新しい作業靴は手に入らなかったかもしれない。が、フラストレーションを発散することはできたし、復讐気分も味わえたかもしれない。紛争当事者の満足度はおもに、具体的解決がどれくらい利益を満たすかにかかっており、これが当人の一番大事な要求を実現させるかつぶすかにつながる。満足は紛争当事者が解決を公正だと思うかどうかによっても違ってくる。合意内容が当人の利益を完全には満たしていなくても、解決プロセスが公正なら満足を感じる場合もある。

満足は解決結果への公平感だけでなく、解決手続への公正感にも左右される。公正さに関する判断はいくつかの要因で決まる。たとえば、紛争当事者に自分のことを説明する機会がどれだけ与えられたか。妥協案を受け入れるか拒否するかにどれくらい関わっていたか。妥協案の策定にどれくらい参加することができたか。第三者が介入していた場合は、その行動が公正だと感じるかどうか、などである。(13)

「関係への影響」

三番目の規準は、当事者間の関係への長期的な影響である。紛争の解決にどんな方式がとられるかで、当事者が日々一緒にやっていけるかどうかが左右されることもある。離婚を前面に出す恫喝的な口論が続けば、夫婦間に深い傷を与えるだろう。逆に専門家のカウンセリングによって、衝突している夫婦が利益に注目して問題解決の技術を学べるなら、逆に絆が強まることもあろう。

「再発可能性」

四番目の規準は、特定のアプローチが持続可能な解決をもたらすかどうかである。再発の最も単純な原因は、解決が定着していない場合である。たとえば、親と十代の子供の帰宅門限についての争いは、収まったかに見えていても、幾度も再発するものだ。個別紛争が落ち着いていても、その解決内容では、当事者と別の人との間で、または同じところの他の人たちの間で同じ紛争が起こるのを防げない場合は、再発が厄介な問題になる。たとえば、女性従業員へのセクシュアル・ハラスメントで問題になった人物が被害者の満足のいく解決に合意しながら、別の部下に同じ行為を働く。また当人がやめても、同じ組織の他の人間がセクハラ問題を起こすような事態である。

「四つの規準の関係」

四つの規準は相互に関連している。結果への不満は関係にストレスを与え、紛争の再発を招き、ひいては取引コストの上昇をもたらす。普通は複数のコストが同時に増減するので、この四つの規準を合わせて、紛争のコストと呼ぶことにする。本書で、特定のアプローチが「高コスト」あるいは「低コスト」という場合は、取引コストだけでなく、結果への満足度、関係へのストレス、紛争の再発というコストも意味している。

特に短期的には、他のコストを上げなければ、あるコストが減らせないケースもある。親子が門限という利害の対立を話し合っている場合、時間とエネルギーでみた短期的な取引コストは高いかもしれない。だがそのコストは、話し合いが成功したときのメリットでお釣りが来るはずだ。親子関係が良くなり、門限破りがなくなることで十分に埋め合わせられるからだ。

どのアプローチのコストが最少か?

さて、四種のコストによって「より良い」とは何かを定義したが、まだ問題がある。あの炭鉱責任者が利益を焦点にするといっていたのは正しかったのだろうか。そして次の問題も重要である。利益中心型のアプローチが失敗した場合、権利型や権力型で進めるのでは、どちらのコストが低いのか?

「利益vs権利・権力」

利益型は権利型や権力型のアプローチより、紛争の原因となっている問題を効果的に解決できる。契約で決められている作業だけをやれと命じた職長に対して鉱夫が申し立てた不服が例になる。ありがちなのは、本当の問題は別のところにあるケースだ。たとえば、嫌いな作業が不公正に割り当てられたと感じた鉱夫が、職長に単に仕返しのために不服を申し立てたのかもしれない。職長が労働契約上の作業規定をいくら強調しても、このウラの問題の解決にはならない。鉱夫が職長に反抗するのも解決にはならないという点で同じだ。しかし、この職長と鉱夫が、今後の作業割当について交渉できれば、紛争は双方の満足するように解決できるかもしれない。

利益中心型のアプローチは、問題の隠された要因を明らかにするのに役立つだけでなく、双方にとってどの課題がどう重要なのかを当事者が確認する手段にもなる。重要度の低い事項を重要度の高い事項と交換できれば、両者が共に紛争解決からのメリットを得ることができる。[14] 次の例を考えてみよう。組合と経営者が特別休暇とフレックスな作業割当の二つの課題について交渉している。組合はフレックスという名の勝手な割当が気にいらないのだが、特別休暇がそれに優先するのは明らかだった。経営者は特別休暇は気に入らないのだが、作業割当が柔軟にできることで得られるメリットはそれに優先する。組合には要求している特別休暇を、経営者には作業割当の際の柔軟性を与えるという合意が整えば、双方にとって納得のゆくものとなるはずだ。こうして得られるメリットをジョイント・ゲインというが、当事者が相手側の利益に注目できれば、この実現可能性が高まる。裁判のように、誰に権利があるかしか見なかったり、ストライキによって誰がより強力かを決めるだけでは、どちらかに敗者の感覚を残してしまうのが一般的だ。

権利や力関係を決めるよりも、利害関係の調整の方が相互に満足水準の高い成果をもたらすことが多くなる。[15] 当事者の満足度が高まれば、関係も改善に向かうし、紛争の再発可能性も低くなる。誰に権利があるかとか誰がより強力かを決めるのは、勝ち負けを強調して、関係をさらに敵対的にしたり緊張させてしまうのがふつうである。しかも、敗者があきらめず、上訴したり復讐を企てるなどは珍しくない。だが、利害の調整には時間がかかるものだ。紛争当事者の数が多いときは特に忍耐がいる。しかし、このためのコストは、裁判、敵対的企業買収、戦争といった権利や権力抗争にかかる取引コストに比べればとるに足らないものだ。

つまり、利益に集中するのは、権利や権力を中心にするのに比べて、より満足度の高い結果をもたらし、より良い関係を築き、同じ紛争の再発を抑える傾向を導き、ひいては必要な取引コストを抑えることにもなるのだ。あえて言い切るなら、利益中心のアプローチは、権利や権力中心のアプローチよりも低コストで済むのである。

「権利対権力」

権利者は誰か、権力者は誰かを決めるやり方は関係に緊張をもたらしうるが、通常なら、公正な規準に従う方が、脅しに屈するより代償が少なくて済む。親子間の門限争いでは、よその家庭の門限などの独立した標準値について話し合えば、脅し合いになるより、ストレスはかからない。

権利や権力を確定しようとすることが闘争、すなわち誰が支配するかを決める当事者間での争いになることがよくある。裁判の時は、自分たちの訴訟事案を決定する第三者を説得すべく議論を戦わせる。また代理闘争であれば、誰に権力があるかを示そうと影響力《アクション》を競うことになろう。権利争いと権力争いの主な違いは、それぞれの取引コストにある。権力闘争にかかるコストは一般に、消耗する資源と機会損失である。ストライキは裁定よりコストがかかる。暴力は裁判よりコストがかかる。高い取引コストは闘争に投入されたエネルギーから発生するだけでなく、双方の諸々の資源の消耗からも生まれる。相手を痛めつけ、破壊することが権力闘争の中心目標となることもあろう。さらに、権力闘争はしばしば、怒り、不信、復讐への欲望のため、新たな損傷や新たな紛争を生む。だから権力闘争は権利争いより関係にダメージを与え、紛争を再発させることが多くなるのだ。つまり、権利型の方が権力型よりも低コストで済むと言える。

前提

ここまでの議論をまとめると、利害関係の調整は、誰に権利があるかを決めるよりも低コストであり、権利型は誰に権力があるかを決めるより低コストだ、ということになる。ただし、この前提は利益を中心にすることが必ず権利や権力を中心にするより良いというのではなく、あくまで取引コストが小さく、結果への満足度が高く、関係に及ぼす緊張も小さく、紛争の再発も少ない成果がもたらされることが多い、結という意味である。

利益に集中するだけでは不十分だ

利害関係の調整には、全般的な優位性はあるのだが、これだけですべての紛争を解決するのは無理であり、好ましいことでもない。その理由を考えてみよう。

どういう時に権利や権力の決定が必要になるか?

頑強に抵抗する人や団体を交渉のテーブルに着かせるため、権利や権力手続に訴えない限り、利益型の交渉が始まらない場合もある。たとえば、環境団体が開発業者を交渉の席に着かせるため訴訟を起こす。住民グループが、ゴミ回収サービスの改善についての利害関係を市長と話し合おうと、市役所までデモ行進するなどだ。

またケースによっては、誰に権利があり、誰に権力があるかの認識に差がありすぎて、交渉の領域を定められず、利益を基準にした合意ができない紛争もある。交渉ではどの範囲で解決を求められるか、という権利関係の境界線を明確にするための権利手続が必要となることもあろう。たとえば、解雇された従業員とその雇用主(とそれぞれの弁護士)が、裁判所による雇用者側への損害賠償認定について全く違った予測をしていれば、当事者同士で解決策を話し合うのは難しいはずだ。拘束力はなくても裁定によって当事者の権利関係が明確になり、当事者間で解決が話し合えることもあるかもしれない。

当事者の権利が曖昧で交渉が難しくなる場合があるように、当事者の相対的な力関係が不確かで交渉がしにくいこともある。継続的な関係にあって、一方が権力バランスで自分が有利なことを誇示したければ、それを示すのは権力闘争しかないと思うだろう。労使交渉の実務家の間では、対立でこじれている労使関係は、とにかく長期のストライキが起こらなくては収まらない、のが常識である。これはスト決行が、どちらも譲歩しようとしない当事者の力関係に関する不確実性を減らすからである。これを長期的な利点とみて、権力闘争にかかる高い取引コストが正当化されることもある。

紛争の中には、利害が強硬に対立して合意が成立しえないケースがある。たとえば、中絶反対団体と中絶診療実施病院の間での、病院の閉鎖か存続かをめぐる紛争は、利益に的を絞っても解決できない。裁判などによる権利をめぐる戦いか、デモや法律制定を要求する戦いのような権力闘争などでしか収拾はつかないだろう。

権利手続や権力手続が好ましいのはいつか？

コストの点では利害関係の調整が権利の争いより一般的には良いにもかかわらず、公共の重要事項に関する問題は裁判にのみ決定の権限が与えられている。一九五四年、最高裁判所において公立学校の人種差別撤廃について、一人の市民と教育局の間で争われた有名なケースがある。紛争が裁判でなく交渉で収拾していたら、直接的な成果は以前と大差ないものだったはずだ。カンザス州トピーカにあった白人生徒だけの公立学校に、原告の黒人生徒が通学する権利を得るにとどまっただろう。だがそれでは社会的インパクトはなきに等しい。原告のブラウン氏が目指していたのは、アメリカ社会全体から人種差別を排除するための基礎を築くことだった。つまり、少なくともあるケースにおいては、社会的にみて、利益型の交渉

による解決よりも、権利型の司法手続に訴える方が好ましいのである。(16)

いつも弱者しか相手にしていない権力者には、利益中心という発想がない、という主張もある。しかし、一方が強権者であっても、その意思を強制するコストは高い場合がある。脅しには行為の裏づけがいる。弱い側が力による解決に完全に従わなければ、強い方にも秩序維持というコストのかかる行動が強いられる。弱い側が逆襲に出ることもあろう。深刻ではなくとも、厄介なことには違いない。しかも、全く予想しえない形で権力バランスが変化したり、別の領域で弱者側に協力を求めねばならなくなると、このときの報復は強者にとって極めて高くつくことになる。従って、権力による拘束がある場合でも、強い側にとっても利益に注目することは、見かけ以上に重要なのだ。

低コストで権利や権力を決定する方法

権利や権力への注目が効果的な紛争解決に大切な役割を果たすため、コストを基本にした権利手続と権力手続の区別が有効になる。われわれは権利と権力手続を三つのタイプに峻別する。交渉、低コストでの闘争、高コストでの闘争である。権利中心の交渉は一般に、裁判や裁定のような権利闘争よりもコストが低い。同じように、脅しを象徴的に使う権力型の交渉は、脅しが実行に移される権力闘争よりもコストが低いのが一般的である。

闘争の形態が変われば、発生するコストも変わる。典型的な法廷での審理（徹底的な証拠の吟味、申し立ての手続、長時間にわたる弁論）を必要としない裁定であれば、裁判よりも圧倒的に低いコストで済む。喧嘩も、ののしるだけなら物理的な暴力よりもコストは低い。ストライキでも残業を拒むだけのものなら、全面ストよりもコストは低くなる。

図2　停滞した制度から効果的制度へ

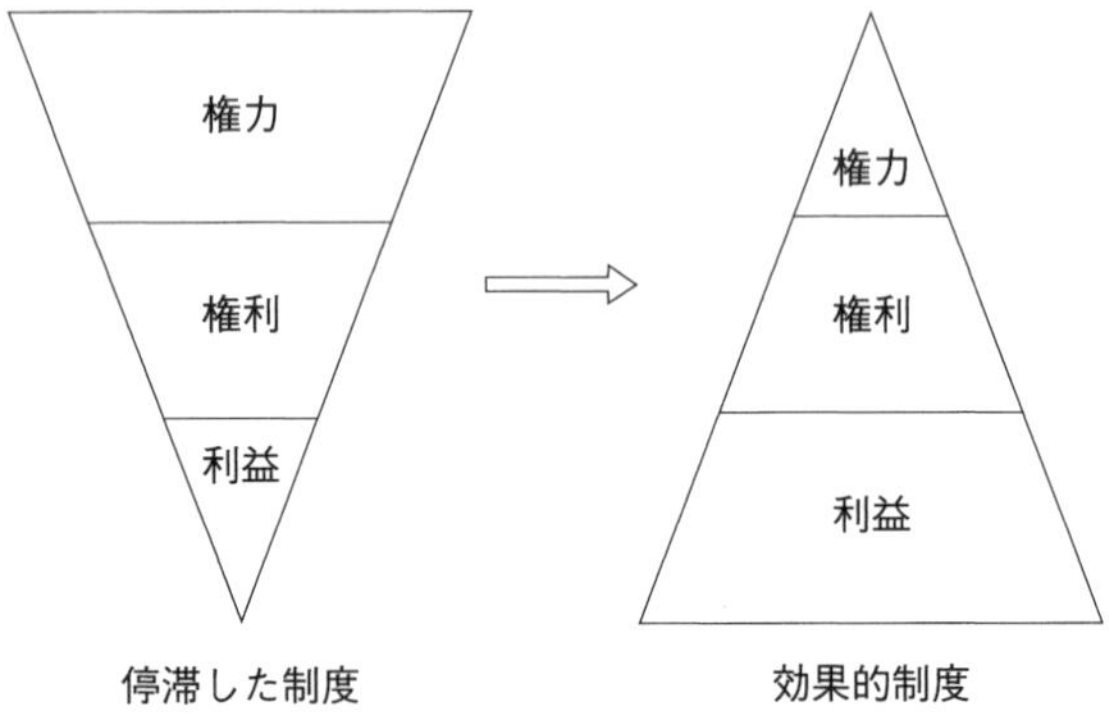

本書の目標　利益志向の紛争解決制度……

すべての紛争が、利害関係の調整だけで解決されるわけではない。また、そうされるべきでもない。権利や権力手続が、利益中心の手続では解決が不可能な事態を処理できることもある。問題は、権利や権力手続が不必要に行使されることの多さである。最後の手段として用いられるべき手続が、最初の手段になることがしばしば起こるのだ。本書の目標は、図2のようなピラミッド型の紛争解決制度の構築である。大多数の紛争を利害の調整で解決し、一部は誰に権利があるかによって解決する。そして誰がより強力かによって処理するものをできるだけ少なくする。苦痛を伴う紛争解決制度は、逆ピラミッド型になっている。残念ながら、利害関係の調整で解決される紛争はまだ少なく、権利や権力の決定によって解決される紛争の方が多い。この逆ピラミッドを正しく置き直すことが制度設計者の挑戦課題になる。制度を設計するとは、利害の調整を促すだけでなく、利益を考えるだけでは解決できない、また解決すべきでない紛争のために、低コストで権利や権力を決定する方法を提供することでもある。

各章は、そのような制度を創出するために策定者がどう行動すべきかを論じている。

第2章 既存の紛争解決方式を診断する

効果的な解決制度を設計するためには、まず、今あるやり方を慎重に診断すべきである。どんな紛争が発生し、どんな手続が用いられ、なぜ当事者がその手続を使っているのか、を理解する必要がある。関係者に今の手続を使わせているニーズが満たされなければ、どんな改革も機能するはずはない。診断は不可欠なのだ。

米国のある大企業では、将来どのような紛争が起こりそうかを予測し、低コストで、満足度の高い手続の活用可能性を判断するために、弁護士と管理職が最近の法的紛争を定期的に検討している。[1] 部分的ながら、われわれが「紛争解決診断」と呼ぶステップを踏んでいる例である。この実践的な方式は応用範囲が広く、どんな組織にも、どんな関係にも効果的に適用できる。弁護士は依頼人と、組合は経営者と、共同事業ではパートナー同士で、担当交渉人が向き合い、過去から現在まで不満や紛争がどのように、どれくらいのコストで処理されてきたかを調べ、検討することができる。米ソの軍縮交渉でも同じプロセスがあった。

紛争解決診断は、次の三つの設問への解答を求める。

1、最近の、そして現在進行中の紛争課題は何か？　当事者は誰か？　いくつの紛争が発生しているのか？　これらへの解答が将来、解決制度の処理しなければならない紛争の種類と数を示すはずだ。

2、紛争はどのように処理されているのか？　どの紛争解決手続が、どれくらいの頻度で用いられているのか？　その手続のメリットとかかる総費用はいくらか？　この解答からは既存の手続の姿が現れ、策定者が作業を進める基礎になる。

3、特定の手続が用いられ、その他が使われていない理由は何か？　訴訟、権力闘争、その他の高コスト手続はどんな機能を果たしているのか？　利益型の交渉の利用を妨げる障害物は何か？　利益型の交渉が標準になるためには、他の手続と同じ機能を果たし、障害を克服するものでなければならないはずだ。

この章は、一九八〇年にわれわれが介入した、労働争議に荒れるクリーク炭鉱（第6章で詳述する）を例にとりながら、何が、どのように、なぜ、という三つの設問を焦点に組み立てる。まず、組織や関係に既に存在する紛争解決方法の診断に焦点を当てる。章末では、新しい組織や関係をどう診断するかを述べる。では、紛争解決制度のモデルを提示することから始めよう。

紛争解決モデル

図3に示したように、紛争解決制度の中核は紛争解決に使われる手続である。インプットは紛争であり、アウトプットは費用と便益、つまり取引コスト、結果への満足度、関係への影響、そして紛争の再発頻度

図3　紛争解決制度の基本要素

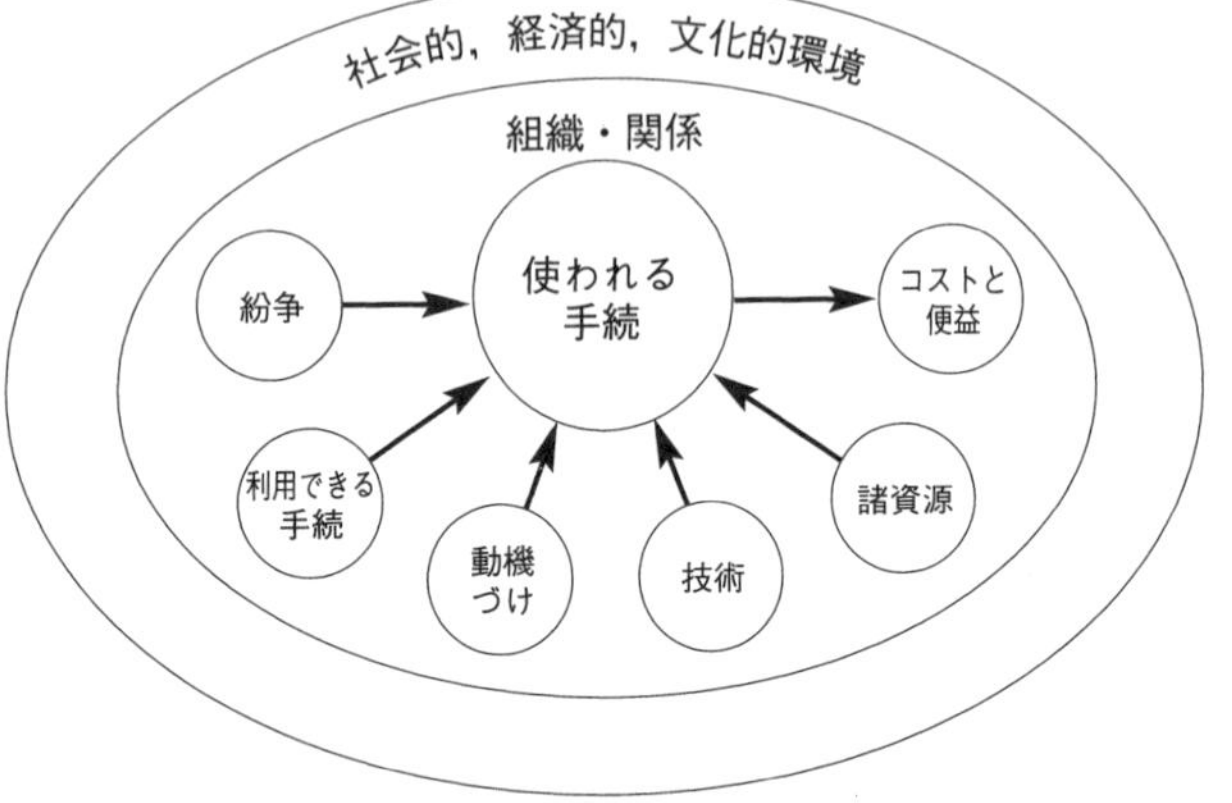

である。使用されている手続には四つの要因が直接作用する。それは利用できる手続、当事者の動機づけ、技術、そして利用できる資源である。紛争解決制度は組織や関係のためにあるのだが、社会的、経済的、文化的な外部環境も、使われる手続に間接的に影響している。

クリーク炭鉱を例に考えよう。この炭鉱で最大の紛争原因は職務配分だった。主な紛争当事者は鉱夫と管理職である。「使われている手続」は権利型と権力型に集中していて、利益中心の交渉は、あってもごくまれにしか行なわれなかった。鉱夫が我慢することもよくあった。権利型の折衝が大変多く、裁定も頻繁に行なわれた。山猫ストはあたりまえで、平均でも月に数回起こっていた。当然その費用は高くつき、数十万ドルにのぼっていた。消滅した賃金と生産ロスが膨大な額になっていただけでなく、紛争結果への不満度は高く、関係は最悪で破綻寸前だった。しかも紛争は幾度も再発していた。

クリーク炭鉱での紛争処理に「利用できる手続」には、全国労使協定で規定されている四段階の不服処理手続だけでなく、鉱夫が伝統的に使ってきた権力手続としての山猫ストも入っていた。ストライキへの「動機づけ」は、規定の不服処理手続を使う意欲にまさることが多かった。ストが満足のいく結果をもたらすことはあまりなかったが、少なくともフラストレーションを発散でき、報復の機会にもなっていた。しかも、当事者には問題解決の「技術」も、聞くという「技術」もなかったため、感情的要素を鬱積させるだけで、もともと困難な紛争を交渉するのは実質的に不可能だった。利益中心型で紛争を解決するのに使える「資源」はほとんどなかった。明らかに中立の立場で労使間を調停できる第三者はおらず、労務専任の管理職もいなかった。

これでは労使二つの組織「関係」のための紛争解決制度も硬直するだけだった。組織特性は用いられる手続に影響する。たとえば、組合幹部も管理職も問題解決のために選ばれたわけではなく、その訓練も受けてはいなかった。しかも両者の関係は、もっと外の経済的、社会的、文化的、政治的「環境」にも根ざしている。この炭鉱を取り巻くアパラチア文化は、自分の権利を守るために戦うことを尊び、権力型や権利型の手続をとる傾向を強く促していた。手続、技術、動機づけ、資源の事情と組織がおかれている環境を考えれば、クリーク炭鉱では利益型の交渉が使われず、裁定や山猫ストになるのも当然なのである。

図3のモデルに、何が、どのように、なぜの三つの診断の設問を結ぶと次のようになる。「何が」は紛争に焦点をおく。「どのように」は使われている手続、そのメリットと費用を明確にする。「なぜ」は使われている手続に直接作用する四つの要因に注目し、同時に、組織（または関係）と環境の影響を含む。

それは何のための紛争なのか？

策定者は次のような設問から考えるとよい。

・「紛争当事者は誰か？」 この紛争における他の重要な登場人物は誰か？ たとえば、ニューヨークのブライアント高校は、学校荒廃と暴力問題に悩んでいた。紛争には、生徒同士のもの、生徒と教師がからむもの、生徒と保護者間のもの、があった。[2] この高校のために策定された紛争解決制度は、これらの当事者全員を巻き込む力があった。組織が違えば、登場人物も紛争も異なり、それぞれに合う別の制度があるはずだ。会社であれば、消費者からの苦情、納入業者との係争、従業員の不満、部門間の衝突、他社との共同事業で生ずる問題など、それぞれに対処するために異なった仕組がある。

・「どんなタイプの紛争か？」 紛争に強い感情的要素がからむ傾向があれば、感情を発散させる方法も考えるべきである。紛争が法律的、技術的な問題に起因する場合は、富士通がＩＢＭのソフトウェア使用料としていくら払うべきか、のように、費用を抑えた権利手続が最も適切になる。

・「紛争はどれくらいの頻度で起こっているのか？」 それが将来の紛争の発生頻度について何を意味しているのか？ ＩＢＭと富士通の係争では、知的所有権について非常に多くの問題が起こっており、将来さらに倍増することが十分に予想された。そんなに大量の紛争を裁判や裁定など、旧来の権利手続で解決するのにかかる取引コストは莫大だった。つまり、紛争の数を減らし、発生したものは低費用で解決するという二つの目的にかなう手続の策定が強く要請されていたのだ。

・「組織や関係内部、そして紛争の数や性質に影響を与える外部環境では、どんな改革が期待されているのか？」 職場のコンピュータ化が進めば、労働条件やコンピュータに代替され不要になる労働者の解雇など、新しい紛争が刺激されるかもしれない。景気後退が利益を低下させ、賃金や職務保障に関する利害衝突を際立たせ、紛争を重くするかもしれない。エイズ感染者への差別を禁止する法律のように、政府の新たな規制が新しい領域に紛争を生むこともある。こうした変化は人々の利益、権利、権力に影響するだろうし、逆サイドの利益を強化したり、全く新種の利益も創り出すかもしれない。それによって自分の権利意識や相対的な権力感覚が変われば、新たな権利争いや権力闘争が生ずることもある。

・「何が紛争を引き起こしているのか？」 原因の究明によって、将来の同じような紛争の防止方法が現れることもある。解決制度の負担過剰の原因が、従業員が不公平だと思っている残業規程にあれば、その規程を変更すれば苦情の数は減るはずだ。紛争の原因が、利害関係の本質的な対立にあることもよくある。組合側は少ない仕事で多くの賃金を求めるし、経営者側は少ない賃金で多くの労働を求めるものだ。販売部はより多くのモデルを売りたいというだろうし、生産部は作るモデルの数は少ない方がよいというだろう。それにこうした紛争を、有力者間のパーソナリティの衝突のせいにするという単純な過ちも簡単に起こる。ある策定者は、州レベルの組合組織とその中の最も大きい組合支部との間に頻発していた紛争を次のように述べている。

個人の性格がずいぶん非難されていた。確かにパーソナリティの影響もあるが、この対立は構造的なものだと思う。この種の紛争は他の州でも見られるからだ。規模の大きい支部があらゆる権益を握っているため、州組織がそうした利権を改正しようと動いても、その支部は参加しようとしないのだ。こうした重大な対立も、個人の性格の問題にされてしまうことがある。(3)

紛争はどう処理されているか？

どんな組織や関係でも、いろいろな紛争解決手続が考えられる。夫婦間の紛争解決にも、利益中心の交渉、脅したり拗ねたり、友人による非公式の仲裁などがあるし、極端な場合には暴力や離婚もある。会社の部長間の紛争であれば、交渉による解決もあり、上司に判定を委ねることもあろう。また有害廃棄物処理施設の建設で地域住民と業者が対立する場合も、交渉、訴訟、議会での票決などが考えられる。

こうした各種の手続は、同時に使われることもあれば、順番に採用されることもある。共同事業のパートナー企業でも、衝突を交渉で解決できなかった場合には、訴訟を起こすかもしれないが、裁判の進行中も双方の弁護士を通じて交渉は続けるだろう。どちらが正しいかの言い争いで始まる夫婦の争いが、緊張が高まり過ぎると争点からいったん離れ、一服してから口論を再開、そして最後には一方が譲歩して収まるなど、お決まりの流れをたどるものもある。次にこの夫婦に対立が生じても、二人は同じ行動パターンをとるものだ。

手続の流れが法律、契約、組織規定などであらかじめ正式に定められている場合もある。たとえば、ストライキの危機によって国民の健康と安全が脅かされるのを避けるため、タフト＝ハートレイ法では大統領が査問理事会を召集し、理事会の審査報告に従い、裁判所がストライキに対して八日間の停止命令を出せることになっている。その間に理事会が第二次審査報告を出し、それに従ってストを決行するかどうかの票決が行なわれる。この時点で初めてそのストが合法になる。[4] 多くの契約では、条項の解釈の違いによる紛争を交渉で解決できない場合は、これを裁定にすることを義務づけている。企業にも顧客からの苦情を処理するための手続があるところが多い。しかし、手続が正式に準備されているからといって、予定通り用いられるとは限らず、全く利用されないことさえある。

使われている手続を描き出す

特定の制度における紛争処理の様式を十分に理解するために、策定者は、用意されている方式はもとより、規定になくても実際に使われている手続を確認しておかなければならない。これを省いて新しい手続を策定すると、既存の手続とかみ合わなくなる。使われている手続を確認する際には、手続のタイプと使用頻度、一般的な流れがある時はその過程、そして解決までに要する時間を明確にするべきだ。これは、次の設問から考えるとよい。

・「不満があるとき、人々はどうしているのか?」「誰に問題をもっていくのか?」「我慢するのはどれくらいの割合か?」たとえば結婚したカップルの多くは、一方または双方ともに、相手の習慣に対する小さな不満は、不平を言っても変わらないだろうと思ったり、ささいなことから口論になっても、関係が壊れてしまうことを恐れ、我慢するのが普通だ。

・「紛争が交渉になる時は何が起こっているのか?」「どれくらいが交渉で解決されているのか?」「当事者はそれぞれの利益を満たすような解決策を探しているか?」あるいは、「当事者は各自の権利に重点をおいているのか?」でなければ「交渉の中心戦術は、脅し、懐柔、または他の権力型になるのか?」

・「どれくらいの頻度で交渉が挫折し、その場合はどうなっているのか?」「当事者は交渉の際、弁護士、組合役員、友人など他者に助力を求めているか?」「紛争解決は上司に委ねられているか?」「当事者は中立の第三者に調停を求めているか?」それとも「一方(あるいは両方)が我慢して紛争を収めるか?」

・「裁判型の手続は利用可能か?」使えるのであれば、「その形式は?」「使われる頻度はどれくらいで、判定に至るまでにどれくらいの時間がかかるか?」「一方が時間の大部分を支配してはいないか?」
・「権力闘争の勃発頻度は?」「どんな権力行動が用いられているか?」「結果はどうなっているか?」「勝ち負けのパターンはあるか、それとも権力闘争は鬱積した怒りやフラストレーションを発散するためだけのものか?」

平均的な流れをチャート化する

使われている手続について集めた情報から、典型的な流れを分類し、フローチャートの形に表してみるとよい。ある炭鉱を例に考えてみよう。この炭鉱には全国労使協定で規定された四段階の不服処理手続がある。第一段階では、不満のある鉱夫が直属の職長に不服を申し立てる。ここで満足のいく解決がなされなければ、第二段階としてこの鉱夫が炭鉱委員会に問題を炭鉱責任者と話し合うように依頼する。このレベルで合意が成立しなければ、第三段階があり、さらに上位の労使の代表者が話し合う三度目のミーティングが開かれる。これでも紛争が解決しなければ、問題は第四段階に送られ、裁定人による審判となる。

図4は、仮設のチャートである。炭鉱における実際の紛争解決パターンは、われわれが面接と観察で発見したように、規定上の手続とは明らかに異なるものだった。この四段階の不服処理手続とは別に、鉱夫は二つの選択肢を了解していた。不満を我慢するか山猫ストを打つかの二種の行動である。鉱夫と管理職への面接調査から、われわれは一人の鉱夫が前年もった不満は約二〇〇件だったと計算した。彼は半数を上司である職長に訴え、残りの半分近くについては我慢していた。そして一〇件は、ストライキにつながっていた。つまり不満の半数については、鉱夫たちは規定の手続を使わないという選択をしていたのであ

図4　ある炭鉱の紛争解決の流れ

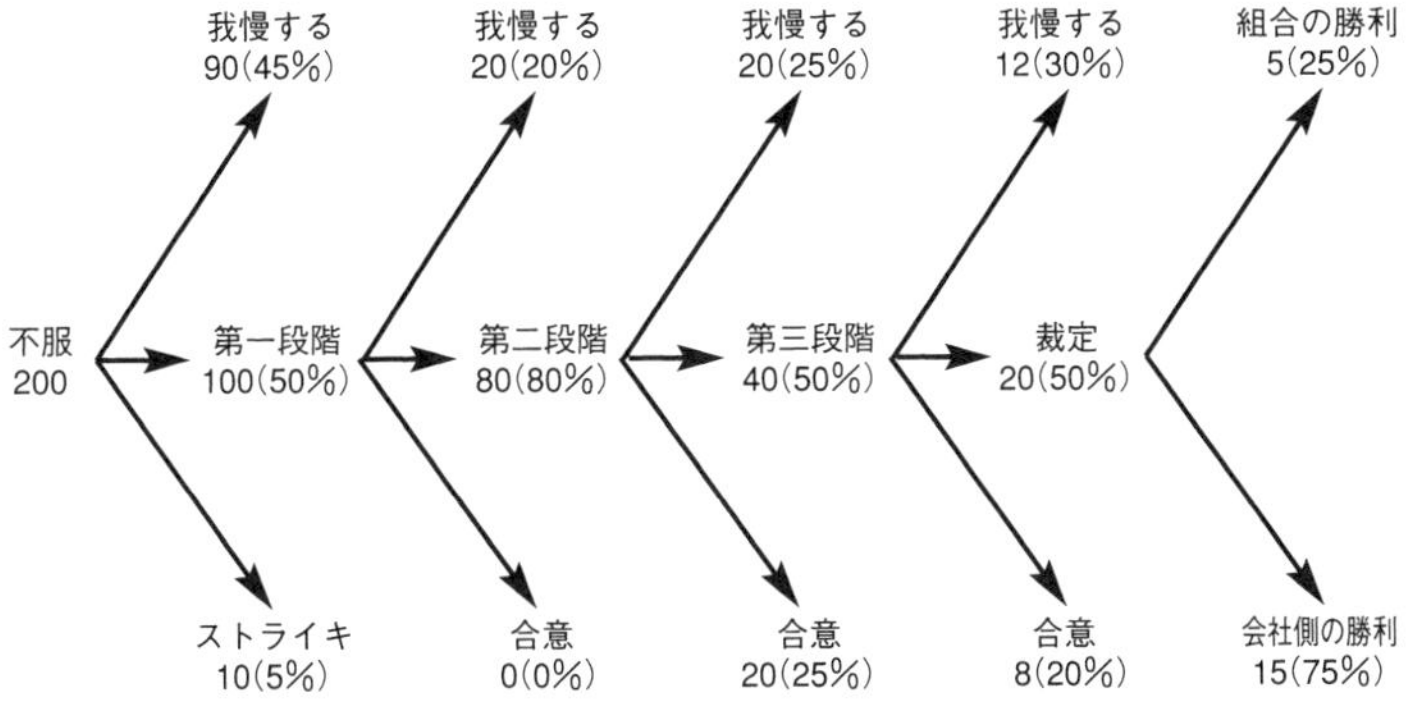

る。

職長に告げられたクレームで、そのまま解決されたものは一つもなかった。二〇％は鉱夫が我慢し、残りは第二段階に送られた。第二段階の交渉では、四分の一が合意に達し、四分の一は鉱夫が我慢、そして半数が第三段階に回された。第三段階で合意が成立したのはわずか五分の一で、半数が裁定に送られ、残りは我慢ということになっていた。裁定に回された紛争のうち二五％は鉱夫が勝ち、七五％は会社側の勝ちだった。さらに聞き込むと、第二段階の交渉も、利益型は一部にすぎず、大多数は権利型で進み、第三段階の交渉はほぼすべてが権利型だったことが明らかになった。

このチャートからは紛争解決について多くのことが見えてくる。規定上の手続に対する信頼度は低く、あらゆる不満の五〇％はただ辛抱することになるか、手続が適用される前にストライキになってしまうのだ。ある程度我慢するのは正常だが、この頻度の高さは規定手続への不満が高まりすぎることを意味している。第一段階は単にクレームを申し立てる手段であって、それ以上の何ものでもないらしく、合意は一つも成立していない。第二段階では、いくつかの合意が成立しているが、ほとんどは利益中心のアプローチがとられた場合だった。注目すべきは、第二段階の後でも第三段階の後でも、かなりの数が鉱夫側が我慢するという形で終わることだ。彼らの多くが、第二段階で問題が解決しない場合は、第三段階や裁定で有利な結果が得られることはほとんどないと思っていた。理由には、勝つ確率の少ないケースが裁定に回されている、主張の仕方が下手だ、裁定人が偏っているなどがあるが、鉱夫が裁定をほとんど信頼していないのは明白だった。

このチャートが示すのは、いわゆる制度疲労である。不満はただ我慢するしかないことが多く、交渉ではなく権力闘争が用いられ、第一段階のような早い時期での交渉による解決はなく、第三段階でもごくわずかで、裁定手続も結果は一方的である。ささやかな機能が見られるのは第二段階だけである。そこでたまに用いられる利益型の方式が、制度改善のための重要な出発点となるはずだ。このような試みから制度の中の「ギャップ」が現れる。この場合なら、利益中心の手続は他と比べてなきに等しいこと、それに規定上の手続と実際に使われている手続とのギャップである。

コストを計算する

実際に使われている手続のタイプ、解決にかかる時間、頻度についての情報を集めることで、紛争解決制度の諸コストの算出が可能になる。策定者の目標はこのコストを削減することなので、まず初めに、コストが何かを知ることが大切なのだ。コストがわかれば、改革案がどのように機能するかを判定でき、その後の調整を行なえる。コストをはっきりさせるための質問は直接的になる。

・諸手続がどれくらいの時間を要し、それぞれにどれくらいの金額が費やされているのか？

・紛争当事者は、結果にどれくらい満足しているのか？
・既存の手続が、人間関係や組織にどんな影響を及ぼしているのか？
・根本的な解決がなされていないために、同じ紛争が起こる頻度はどれくらいか？

既存の手続にかかる諸コストの資料を整えるのは時間がかかるので、策定者はこれを省きたいという誘惑に駆られるかもしれない。特に関係がひどく悪化していて、当事者たちもできるだけ早く状況を修復したいと思っている場合には、そう感じるはずだ。しかし、策定者の作業結果を体系的に証拠として整理しておくことが、当事者を説得し、変更した手続を使わせたり、他の関係者に同じ改革を試すよう説得する際には、有効な手段となることを忘れてはならない。特に不服調停プログラムの場合、慎重な評価が、不服調停を新しい炭鉱や他の産業に普及させるのに役立つ。

紛争がその方式で処理されているのはなぜか？

関係者があまり交渉せず、権利争いや権力争いに訴える理由は何なのか？　考えられるのは、利益型の交渉手続がない、あっても使う意欲がない、技術がない、資源がない、組織や関係または周囲の環境に障害物がある、などである。

手続の欠如

どんな組織や関係にも、何らかの紛争解決手続がある。ストライキのように習慣的なものもあるし、社会が公式に整備する法律的なものもある。また組合の組織化が進んだ石炭産業などで定められている不服処理手続のように、当事者や代表者が了解して進める手続もあれば、消費者からの苦情に対する企業側の処理手続のように一方が用意しているものもある。

状況によっては、法律、契約、組織規則などが規定する手続が特定のタイプのクレームだけに対応し、他の要求は無視され、時にはコストのかかる権力闘争を噴出させるフラストレーションを煽ることもある。クリーク炭鉱では、交渉手続は労使協定の解釈に関する紛争に限定されていた。人間関係の衝突や公正さなど、協定外の事項と見なされる問題の紛争処理を定めた手続はなかった。利益型の手続が確立されていないケースもある。教員、管理職、両親、同級生を巻き込む紛争に関わったブライアント高校の生徒たちも、問題解決型の調停を指示する道しるべはなかった。開発業者や高速道路建設業者の計画に反対している環境団体にとって、ごく最近まで最も一般的な手続は訴訟だった。問題解決型の交渉は、全くといっていいほど知られていなかったのである。

紛争に関与する人や組織が、利益中心に話し合うための手続をいつも必要とするわけではないのだが、この手続は役に立つはずだ。用意があれば、利益型の交渉が有望な代替案になり、紛争が権利争いや権力闘争にエスカレートするのを防止できる。従って、策定者は次のような設問を考えるとよいだろう。

・発生する全種類の紛争に対応する、利益中心の手続が用意されているか?
・処理手続が定まっていないというだけで、かなりの紛争が未解決のまま抑えこまれていないか?

・利益に焦点をおく調停手続はあるか?

動機づけの欠如

交渉手続が準備されていても、当事者に交渉しようという意欲がない場合もある。クリーク炭鉱では、鉱夫たちは職長からの報復を恐れ、問題を申告したがらなかった。しかも、不服解決手続は不信の目で見られていた。鉱夫が満足する結果になることはまれで、彼らの多くは、紛争における「発言権」が奪われていると思っていた。第三段階と裁定では、組合と会社側の代表者が契約上の専門用語を並べ立て、鉱夫は感じている現実の問題とはほど遠い議論を眺めているしかなかった。最初に不服が申し立てられてから裁定の判定が下されるまでに何か月もかかり、時には鉱夫に理解できない用語が多用され、しかもほとんどの申し立てが却下されていた。対照的に、山猫ストは鉱夫が誰でも煽動でき、直ちに注目を集めることができた。たとえ要求が通らなくても、その申し立ては確実に表示され、報復という感情的な満足も得られるのだ。つまり、スト決行の動機づけは、不服処理手続を利用する動機づけに優先したのである。

それぞれの手続の背景にある様々な動機の解明は、不可欠の作業である。それは、除去すべき交渉の障害物を浮き彫りにするのに役立ち、プラスのインセンティブとなるニーズを際立たせる。同じように重要なのは、この分析が権利争いや権力闘争の果たす役割を認識するのにもつながることだ。紛争当事者に別の低コスト手続を使わせようとするなら、同じ機能を補完してやる必要があるからだ。たとえば、クリーク炭鉱のストライキを減らすには、鉱夫たちの憤りを別の形で発散させ、不満を彼ら自身の言葉で発言させる機能が必要になるはずだ。紛争当事者が特定の手続を用いる動機を解明するには、策定者は次のような設問を考えるとよい。

・その手続がもたらす結果に、紛争当事者はどれくらい満足しているか？
・その手続は「発言する」機会を与えているか？　当事者は不満を自分自身の言葉で十分に訴えることができているか？　当事者は手続を把握しているか、つまり問題は当人のコントロール下にあるか、それともその手から離れて、他人の手に握られているのか？　紛争当事者は結果を出すのに参加しているか？　彼らはその手続が公正だと感じているか？
・その手続は、怒りや憤りのような感情を発散させる働きをしているか？　それは報復の手段か？　自分自身のために戦う喜びは？　ブライアント高校のある女子生徒は次のように述べた。「私は喧嘩しか考えていなかった。誰かが気に入らないことを言ってきたら、やっつけることしか頭に浮かばず、話し合いなど思いもしなかった」[5]。
・紛争当事者は、その手続はどれくらいのコスト（時間と費用）がかかると考えているか？
・その手続は、当事者以外の関係者の利益になっていないか？　表向きは申し立てを支援するために召集されるストライキが、会社を共通の敵として標的にすることで組合内部の結束を固め、実際には組合のリーダーシップ強化を狙うものかもしれない。また、組合員にストを思いとどまらせようとする組合指導部の権限を弱めようとして、反対勢力がストを引き起こすこともあろう。
・手続が特定の紛争を速やかに解決しようとする以外の目的を果たしてはいないか？　ある会社の一連の訴訟が、相手の会社に諸々のコストを負わせるためという場合もある。組合が新任の人事部長の顔をつぶすために、立て続けに苦情を申し立てることもあろう。ある国が他国と交渉するのは、紛争解決のためではなく、国際世論にアピールするためだ、ということもある。

高コストの手続を使う関係者の動機が何かを知るのは、より良い制度を作ろうとする策定者には極めて重要なことである。ただし、これは関係者が特定の紛争に対して発生しうる諸費用とメリットを、慎重に計算してから手続を選んでいるという意味ではない。多くのケースでは、特定の手続を使用する直接の動機は、ただの習慣や慣例でしかないはずだ。「このあたりじゃあ、いつもそうするのさ」と。しかし、コストのかかる習慣や慣例を突然やめるよう関係者を説得するには、代替手続の費用とメリットを比較してみせて、紛争解決に使っている現在の手続の費用とメリットに注目させなければならない。

技術《スキル》の欠如

ブライアント高校で問題解決型の交渉を使うための障害の一つは、紛争当事者たちにその技術がないことだった。同じ問題がクリーク炭鉱にもあり、労使の主要な役職者たちのコミュニケーション・スキルや話し合いの技術がたいへん拙いことも明らかになっていた。

スキルが十分にあっても、関係者の信念が逆なら、利益型の手続を使おうという気にはならないだろう。ある教員組合と学校理事会との仕事をしている策定者は、次のように語っている。

協定交渉でも調停を使ってはいたが、労組と経営者側の代表者たちが不服処理調停の使用を渋るのには驚かされた。インフォーマルな話し合いの中で、彼らが自分たちのスキル不足を不安がっているのがわかってきた。協定交渉では一般に複数の案件があり、その中でトレード・オフするものと、放棄するものがあるので、協定交渉の調停はかなり単純だと見られていた。しかし、不服処理は単一事案の折衝だと思いこまれており、途中で交換するものも放棄するものもなく、不服処理調停で何が起こるかが予

測しにくいと判断されていたのである。(6)

紛争解決スキルと知識を測定する目的は、訓練や指導の効果を判断することである。策定者は次のような設問を考えるとよい。

・どんな手続が、いつ使えるのかを皆は知っているか？　その手続に期待される役割を理解しているか？　満足のいく解決策を生み出すために、どのように手続を使うかを知っているか？
・紛争当事者や代理人に問題解決型交渉の能力はあるか？　互いの言い分に耳を傾け、利害関係を検討し、創造的な選択肢を考案する能力はあるか？
・裁定での、紛争当事者や代理人の主張能力はどうか？　議論を適切に展開する力があるか？　証拠を効果的に提示しているか？

繰り返し起こる紛争の主因が、主要人物の行動にある場合は、技術についての診断が特に有効である。ただしこの場合、その人たちを訓練すべきなのか、それとも配置換えすべきなのかという問題が生じる。たとえば、われわれがクリーク炭鉱でぶつかったジレンマがある。そこでは、職長と組合支部長が不服処理手続の直接の担当者で、両者は問題解決が得意などころか、極めて感情的な口論になり、紛争を急にエスカレートさせる傾向さえあった。彼らの敵対心の一部がそれぞれの演じる役割から来ているのはわかっていたが、管理職と組合役員がそこまで対立しているのも異常だった。彼らの性格的な敵対意識は何年も前から続いていて、それが炭鉱の外でも事件を引き起こしていることも徐々にわかってきた。考えた末、彼らのスキルを伸ばそうとしても、問題解決型交渉の活用を促すことにはならないだろうという結論になり、一方または両方を外すべきだということになった。

資源の欠如

利益型の交渉手続があっても、それを効果的に機能させる人、情報、組織や制度がないために、手続が実行できない場合もある。

特に不足しがちなのは、当事者による問題解決をサポートできる人的資源である。クリーク炭鉱には労務専任の管理職がいなかった。苦情には職長が対処していたが、職長の責務は採炭業務であり、時間もなく、訓練も受けておらず、また問題解決型の方法に関心もなかった。他の組織や関係にも、調停人や裁定人のような中立の立場の人がいないとか、訴訟などの解決手続を管理する人材もいないことが多い。

二番目の重要な資源は情報である。たとえば、アスベスト被害者の訴えは、過去の解決事例に関する情報提供によって、かなり解決が促されている。[7] 情報には問題に関する技術的情報も含まれる。三番目に必要な資源は、人材と情報を提供する機関である。たとえば、国際紛争の調停には、助言、スキル訓練、当該コンフリクトの詳細データ、資金、スタッフの助力などを求めたくても、その組織がないことがよくある。国際紛争の当事者を補助するような国際調停業務もまだ存在しない。[8]

資源の診断には、策定者は次のような設問を考えるとよい。

・紛争当事者が助力を求められる、たとえば代理を務めてくれたり、助言を与えてくれたり、調停人や裁定人として働いてくれるような人材がいるか？

・その代理人、調停人、裁定人のスキルはどうか？　この中立の立場にある人たちは、偏向がなく、公正だと見なされているか？

・紛争を収拾するのに使える規範、手続、法律などの基準がない、問題に関する技術的情報がないなどの理由で交渉が妨げられていないか？

・その手続は、役職者や機関による積極的な監督が必要か？　その機関には、継続的に人材と情報を提供する必要があるか？

・人材、情報、機関がないのは、資金不足のためか？

組織と環境の中の障害物

ある策定者が大手ハイテク企業で紛争解決制度の作業をしているとき、社内には解決から逃避する一貫したパターンがあるのを発見した[9]。管理職は予算とプロジェクトの権限に関する見解の相違を直視せず、問題が深刻な危機になるまで処理を先延ばしにし、最後は社長が結論を出すようになっていた。そんな状況に失望した管理職は次々に会社を離れていた。紛争処理パターンが、労働意欲を損ね、会社の業績にたいへんな損失を与えていたのである。

この策定者は、効果的な紛争解決を阻害する二つの大きな要因を見つけた。第一は、会社の非常に集権化された意思決定構造だった。新任の管理職は、すべての決定事項に対する主要な権限を社長が握っていることをすぐに察知し、社内の紛争に対処しようと苦労するより、社長の意向に敏感でいる方が報われることに気づいていた。第二の障害物は、社長を含む上級役員たちの思い込みと習慣に象徴される企業文化だった。その文化は和の維持、対立の回避、権限への服従を強調するものだった。

この実例のように、組織と環境が紛争解決のパターンをどう形成し、どう強化しているかを解明するのが診断の目的である。この診断が組織政策の変更や組織内の障害物を迂回するための実践的な提案を導くこともある。診断の最も重要な目的は、特定の手続の実用性を損なわせる障害物を明らかにすることだと言えよう。上述の診断では、しかるべき改革を実行するためには、この会社の社長を巻き込み、コンフリクトの処理を妨げる企業文化の壁に立ち向かわなければならないという結論になった。

策定者は次のような設問を考えるとよい。

・組織の意思決定プロセスは、使われている手続にどのような形で影響しているか？ 意思決定プロセスはどれくらい集権化されているか？ 右の事例では、会社の非常に集権化された意思決定システムが、現場の交渉を阻害していた。

・組織の公式および非公式の報酬制度は、使われている手続にどれくらい影響しているか？ 上司は紛争解決行動に報酬を与えているか？ 同僚はどうか？ 先の会社では、紛争をオープンに話し合うことを避け、解決を社長に委ねる管理職が上司からも同僚からも評価されていた。

・人事部の選抜および研修制度は、紛争解決制度にどのような影響をもっているか？ クリーク炭鉱では、管理職は紛争処理を考えて選抜されるわけではなく、そのためスキル研修もなされていなかった。

・周囲の文化は使われている手続にどのような影響を与えているか？ 炭鉱の組織風土では、ストライキは栄誉ある伝統であり、しかも組合員同士の団結を示す習慣として支持されていた。

新しい関係のための紛争解決診断

新しい組織や関係のための制度を策定する場合、たとえば弁護士が契約に紛争解決条項を起草するときなども、何が、どのように、なぜという診断的設問からの検討が役に立つ。その違いは、過去や現在の紛争解決の試みを診断するのではなく、策定努力がない場合に、今後の紛争がどう処理されそうかを予測しようとするところにある。診断で行なうべきは、類似の組織や関係の経験を理解することである。

一例として、新しいＨＭＯ（保険医療団体）の設立を考えてみよう。顧客担当の責任者は、契約者とＨＭＯの間で起こりうる紛争を解決するための制度を策定しておくべきだ。このとき策定者は、「どんな」タイプの紛争が、どれくらい起こるかの予測を問うことから始めるとよい。既存のＨＭＯではどのようなことが起こっているのか？　紛争の種類や数量に影響する法律制定の予定が近いうちにあるか？　次にそうした紛争を「どのように」処理するかを検討すべきである。既存のＨＭＯではどんな手続が定められているのか、そしてその費用とメリットはどうか？　他のＨＭＯの契約者が、我慢する、提訴する、契約をよそに移す、といった選択肢を使う程度はどれくらいかについても知る必要があろう。そして最後に「なぜか」を調べなければならない。紛争を解決するための関係者の手続選択には、どんな動機づけ、技術、資源が影響しそうか？　組織、関係、置かれている環境からのインパクトはどうか？　たとえば、ＨＭＯの役員が規則に厳密に従うことで報酬を得ているのであれば、それ自体が利益中心の交渉を実現する際の大きな障害になるかもしれない。[10]　従って、徹底的な診断は既存の制度の改善にも、新しい関係や組織のための制度策定にも有効なのである。

診断が提起する内容

診断はまず「どんな」種類の紛争が、どれくらいの頻度で、誰に対して起こるかを特定する。第二に、紛争が現在「どう」扱われており、どこで低コストの手続が使えるか、を明らかにする。策定者は診断により改革設計の効果を判定の基準にするための、現状の紛争費用がわかる。最も重要なのは、診断によって「なぜ」特定の手続が用いられているかを明らかにすることだといえよう。つまり手続利用の陰に隠れた動機を明らかにし、利益中心の手続が実施される場合には、それが満たすべきメリットが解明されるのである。これによって、関係者への訓練や指導の必要性、場合によっては当人たちを異動させる必要があるのかどうかを決める。最後に、紛争当事者を補助するための、人材、情報、機関といった資源について検討し、そうした資源の追加が必要かどうかを決定する。こうした情報武装によって初めて、策定者は新しい制度の策定や制度改善に乗り出す準備が整うのである。これが次章の主題となる。

第3章 効果的な紛争解決制度の設計

いくつかの事例をみよう。二つの石油会社が、共同事業に乗り出すにあたり、前もって紛争解決制度を整えようとしていた。両社はパートナーシップ委員会をおき、ここであらゆる紛争を解決しようとした。委員会で解決できない紛争は、この共同事業に関わっていない上級役員を双方から一人ずつ出して任せることにしている。彼らの任務は、問題を調査し、それぞれの本社と相談の上、解決策を話し合うことである。従って、両人は交渉人であると同時に調停人の役割も担う。この「ワイズ・カウンセラー」と呼ばれる制度でも合意にたどりつけない場合は、問題は裁定に委ねられ、裁判沙汰は回避される。[1]

ある州の消防士組合と市町村団体は、消防士の労使協定に関する紛争解決が、州の義務づける裁定に従うことになっているため、時間がかかり、結果には納得がいかず、関係も悪化していることに不満を抱いていた。相談を受けた紛争制度の専門家は、労使の役職者で協議会を作り、調停を活用して膠着状態を打破することを提案した。これが受け入れられ、州議会には法規に調停を追加するよう働きかけも行なわれ、制度が整った。紛争がどうしても解決できないときには裁定も使えたが、好まれたのは調停だった。[2]

シカゴのカソリック大司教区が運営する大きな私立学校群の役員たちが、教員の解雇や生徒の停・退学処分問題に関する紛争を解決するためのより良い制度を求め、当事者間での交渉を求める多段階方式の手続を検討していた。提案された制度は、まず当事者間で交渉することを第一段階とするものだった。たとえば、教員と採用担当役員の間の話し合い、あるいは保護者と校長の間の話し合いである。この交渉で解決できない場合は、教員、保護者、他の学校群の役員で構成される学校コンフリクト管理理事会を召集することにした。理事会でも解決しない場合は、訓練を受けた調停員の手に委ねられる。(3)

以上の事例では、紛争解決制度が紛争処理のコストを減らし、より満足でき、持続可能な解決をもたらすことを目的に設計されている。この章では、このような制度をいかに設計するか、つまり、第2章でおおまかに述べたように、既存の制度の診断に始まり、利益志向の制度をいかに作り出すか、を論じる。紛争制度設計には六つの基本原則がある。

1 利益を中心にする
2 交渉への「ループバック」《戻り道》を整備する
3 低コストの権利型、権力型の予備手段《バックアップ》を準備する
4 事前協議《コンサルテーション》、事後フィードバックを組み込む
5 諸手続を低コストから高コストの順に配置する
6 必要な動機づけ、技術、資源を提供する

原則1　利益を中心にする

第一原則は最も基本となるもので、第1章の主題だったので思い出していただきたい。紛争当事者の利益を調整する方法を創り出す（または強化する）ことである。第2章に示した紛争解決制度のモデルは、これを実行するための四つの具体的な方法を提案している。手続の設計、動機づけの強化、技術の育成、資源の提供である。

手続の設計

利益に焦点をおくには様々な手続が考えられる。

「できるだけ早期に交渉の形にする」

一九五〇年代から一九六〇年代初めのインターナショナル・ハーベスター社の例がある。当時この会社では、申し立てられる不服とそれを処理する裁定がたいへんな数になっていた。対策として、労使は新しい手続を導入した。その方法とは、できるだけ現場近くで、口頭によって不服を処理することだった。従業員が不満を申し立てた場合、その日のうちに、その場所で問題を処理すべく、あらゆる努力が払われた。そのために役員クラスや組合代表者が、作業現場に降りて来ることもあった。労使関係の管理職はこれを次のように述べている。「書類（既に文書化された不服申し立て）が社内を昇って来るのは、もうたくさんだと思っていた。人間の方から降りていくようにしたかったのだ。それまでの裁判型のアプローチは避け、問題解決の姿勢をとりたかった」[4]。成果は著しいものだった。不服関係書類は激減し、ほぼゼロになった。労使双方の代表も紛争処理にさほど時間をとられなくなっていた。呼ばれても、かかる時間はごく短かった。[5] この会社の例は、問題解決型の交渉を、できるだけ早期に紛争に応用することの意義を示している。

第5章で解説する山猫スト研究では、ブレットとゴールドバーグが、ストライキの少ない炭鉱の管理者ほど、現場で鉱夫たちの不満や提案に耳を貸すことに時間をかけていることを発見している。教訓は明らかだ。話し合える距離にいる管理者であれば、問題がエスカレートして権利争いやストライキになる前に、利益中心で状況を解決できるということだ。問題そのものを具体的に是正するまではできなくても、不満に耳を傾け、その妥当性を認識してやるだけでも不満を和らげることができるのだ。

「交渉手続を制度化する」

紛争に関わる人の数が増え、問題が複雑になり、当事者の数が増え、官僚的になればなるほど、制度化された交渉手続が役立つようになる。たとえば、手続の存在により、誰が交渉に参加し、いつ交渉を開始し、いつ終了し、また交渉がうまく行かなかったときどうするか、などが明確になる。手続の制度化は、労使の団体交渉から連邦政府による環境安全規制の交渉まで、実に多彩な領域で見られる。

一例に、有害な廃棄物処理施設の設置に関して必須となった交渉がある。この種の施設の設置問題は多くの州で何度も発生しており、大がかりな裁判や、立法闘争、ひいては権力紛争になることもよくあった。州政府機関が、嫌われ者の廃棄物処理施設を近所に建設する決定をしたとき、地域住民の中には、近隣の高速道路を遮断したり、別の施設をダイナマイトで爆破すると脅迫したり、役人を人質に取るなどの行動を起こす者が出た。いずれも、住民の懸念に適切に対処しなかった政策決定のやり方に対する怒りをぶちまけたものだった。こうした再発する問題に直面し、ある州は対象業者と地域社会の代表者の間での交渉を義務づけた。この交渉の目的は、施設の有害な影響を最小限にし、それでも残るあらゆる損害やリスクについて地域社会に補償することである。万が一、利益中心の交渉で合意をもたらすことができなかった場合は、州政府は裁定を強いることになる。(6) しかし、この法整備の目的は利益型の交渉手続を創り出すことであり、裁定やコストのかさむ裁判、権力闘争を避けることでもある。

提案した連邦規制に関するコンフリクトを処理するのに、良い方法はないかと検討していた連邦政府機関は、裁判に代わる利益型の交渉を中心にした創造的な方法を考案した。原則的には、行政機関が提案している規則を公表し、利害関係者がこれに批判や意見を寄せ、行政機関が検討して最終的な規則を発表するものだ。だが残念なことに、その規則に納得しない諸団体が裁判で争おうとすることが多い。こうした裁判を減らそうと、連邦政府機関の中には新しい交渉方式で規制を定めるところが出てきた。これは行政機関と影響を受ける諸団体が、コンセンサスを導くように設計された調停型交渉に参加するものである。(7)

見解の相違だけでなく、共有する利害関係を関係者が共同で調査し、協力して技術的な情報の収集と分析を行ない、選択肢を考案し、それぞれの優先順位に照らして選択肢について折衝と取引を行なう。コンセンサスが得られれば、出されている規約案を政府機関の通知として『フェデラル紙』に公表し、ついで従来型の検討プロセスに引き継ぐ。批判しそうな当事者のほとんどが、提示されている規約に関する通知について既に合意しているので、検討期間に大した問題は起きない。後になってから裁判になる可能性もほぼ除去されているといってよい。(8)

この手続を使う行政機関は、通常これを支援する資源を提供する。それはおもに、交渉の場を手配し、調停実務を行なう第三者を準備することである。(9)

「多段階型《マルチステップ》交渉をデザインする」

多段階型の手続では、組織のあるレベルで解決されない紛争は、順に上の階層に上げられ、各段階で別々の交渉人が問題に対処する。炭鉱での契約上の問題処理手続がこれである。第一段階は、鉱夫と直属の職長の間での交渉。第二段階は、炭鉱委員会と炭鉱責任者の間での交渉。第三段階は、組合の地区代表と本社の上級役員の間での交渉となる。

多段階交渉手続は労使関係では一般的だったが、長期の事業契約に関わる人々にも活用されるようになっている。よく使っている弁護士はこの手続を次のように述べている。

各部署から派遣されるプロジェクト・マネジャーのように、毎日顔をつきあわせている現場の人たちは、（紛争を）解決しようと試みる。解決できない場合は、その問題は彼らの上司に回される。上司が解決できなければ会社の規模に応じて、副社長や上級副社長へ、あるいはＣＥＯへと問題が上げられる。ここには、（1）自分が問題を解決できなかったことを上司に知られたくない、そして（2）会社の上の人たちは、現場の業務レベルの社員よりも広い視野で考えるはずだ、という力が作用している。[10]

多段階交渉のもう一つの例は、章の冒頭にあげた石油産業で用いられている「ワイズ・カウンセラー」手続である。二社の上級役員から一人ずつ派遣されるワイズ・カウンセラーと呼ばれる役職は、特定の紛争に対して公平でいられるよう慎重に選抜されているので、さらに広い視野を保つことができる。このワイズ・カウンセラー方式は、実質的には調停人を使わぬ調停のようなものだ。

しかし交渉に段階を加える時は、慎重にやらねばならない。場合によっては、安易に上司を頼り、現場で合意点を探ろうとする意欲が失われ、せっかくの交渉も単なる形式になってしまうからだ。

動機づけを強化する

利益中心型の交渉はもともと動機づけ志向である。そのため、訴訟や権力闘争のような手続より、もっと納得のいく結果や大きな発言権、そして自分たちで解決しているのだという実感が得られ、しかもより低い取引コストで済むことが多い。しかし、状況固有の障害が、利益中心型交渉への意欲をそぐこともある。ただし、そのような障害も、適切な策定によって解消できることも多い。

「参入ポイントを多箇所に設ける」

クレームのある人は、自分が要求をぶつけようとしている相手を信頼していない、または協調意識もないだろう。この問題は、紛争解決制度に多数の参入ポイントを設けることで緩和できる。たとえば、マサチューセッツ工科大学では、苦情申し立てを考えている学生は、学生部長、学科長、評議員、またはオンブズマンの誰にでもそれをもっていくことができる[11]。またＩＢＭでは、社員が自分の上司でも、上司の上司にでも問題を言えるし、人事に関する事項であれば社長にも申し立てられるようになっている[12]。

「交渉人に権限を与える」

クリーク炭鉱では、鉱夫は多くの不満を我慢し、ストライキに発火するまで問題の火種を抱え込んでいた。鉱夫たちが語ってくれたのは、職長らには問題解決の権限がないから不満を伝えても意味がない、ということだった。こうした事態には、二つのアプローチが考えられる。職長に必要な権限を与えるか、権限のある人に不服を申し立てる機会を従業員に与えるかだ。一番目のアプローチは分権化になるが、簡単な作業ではない。実施には大がかりな組織変革が必要となるからだ。われわれがクリーク炭鉱で提案したのはこの方法だったが、実行には移されなかった。インターナショナル・ハーベスター社でとられたのが二番目のアプローチで、不服を解決する権限のある人々が現場に降りてくる方式である。

「報復をやめる」

クリーク炭鉱の鉱夫たちは、定められた交渉手続をなかなか使おうとしなかった。理由は、交渉制度の利用は上から反抗的行為と見なされるのがふつうで、鉱夫の多くが職長による報復を恐れていたからだった。こうした懸念を和らげるために、経営者は鉱夫たちに不満を提出するよう呼びかけ、不満を申し立てた従業員に対して報復を行なった職長は解雇するという公式の警告文を出した。

「会合の機会を用意する」

交渉を提案することが、ひ弱な印象を与えるのではないかと当事者が不安がることがある。この問題を解決する方法の一つが、交渉を義務化することである。裁判官は審理開始前に和解協議を予定するとき、これを実行している。もう一つの方法は、正式な交渉にするのではなく、交渉に入りやすくなるような会合のチャンスを提供することだ。国連は、紛争当事国や多くのグループが公式に会合するというのはリスクが高すぎる場合、この役割を果たそうとしている。合衆国の上院議員控え室も同じような機能をもっていて、法案に対する対立を解決するため、上院議員たちが非公式にプライベートで会う場になっている。制度策定者は、管理職に工場の現場に出向くよう示唆したり、相互の利害をテーマにしたミーティングを組んだり、場合によっては、定期的な社交の場をアレンジしたりなどして、互いに非公式にコミュニケーションをとれる場を提供することが可能だ。

スキルと資源を提供する

制度策定者は交渉への動機づけの強化だけでなく、交渉スキルを継続的に指導し、訓練することによって、利益中心型の交渉を促すことができる。最初の指導は制度策定者が担当し、その後の訓練は人事部長や組合幹事のような人たちが行なえるだろう。これらの課題については第4章で詳述する。

「サポートを得られるようにする」

制度策定者は、不満に耳を傾けたり、中立人の代理をしたり、プロセスを管理するなどで紛争当事者に手を貸せる人材を確保してもよい。たとえば、ＩＢＭには特別の役職があり、上級管理職には所定の領域の社員に耳を傾け、不満を聞き、問題をどうすべきかを話し合う責任が付与されている。[13]

形は違うが同じ発想なのがオンブズマン制である。この役割は、もとは政府官僚機構に対する市民の不満を調査するため、スカンジナビアで生まれたものだ。アメリカでは、おもに企業、病院、刑務所、大学などの組織における苦情に対処している。[14] オンブズマンにはふつう意思決定権はなく、その仕事の中心は、苦情・不満に耳を傾け、適切な人材を差し向け、問題が迅速、能率的に処理されているか確認することである。ときには、オンブズマン自身が耳を貸し、客観的な情報を提供するだけで問題が解決することもある。たとえば、給与に関する不満などの場合、平均給与水準などの情報を伝えるだけで不満が解消することもある。

紛争当事者が必要な交渉スキルを修得できない場合、交渉のスキル訓練を行なう予算がない場合、また紛争に関わる感情的な要素が大きすぎる場合などは、制度策定者は紛争当事者に代理人を立てさせることを検討すべきだ。非公式の交渉では、同僚がこの役割を担えるし、より公式な場では弁護士が代理人となろう。

紛争当事者の数が多くなれば、紛争解決プロセスを管理できる人材の必要性も増す。連邦規制の制定に関する交渉では、通常は連邦機関が、当事者全員を一堂に集める調整役を用意し、交渉を調整する。[15] 問題が複雑になればなるほど、さらに技術的な支援が必要になる。特に、技術的な能力がなかったり、能力を獲得する資源のない人々にとっては重要である。

調停

資源の一つだが、紛争当事者が合意に至るのを手伝う調停人の存在は、区別して扱うべきだろう。調停は第三者が補助する交渉である。交渉はしばしば障害物に乗り上げるが、これは調停人が解決できることが多い。調停人は、当事者の興奮を発散させてやったり、相手側の視点を認めさせたりしつつ、誹謗中傷を解消させ、交渉に導くことができるだろう。また当事者に本当の利害関係を認識させることにより、立場にからむ障害物を乗り越えさせ、それぞれの利益を満たすような創造的な解決策を作ることも可能だ。特に、弱みを見せるのを恐れて当事者が妥協案を出そうとしない場面では、代わりに調停人がそのような提案を出すことができる。従って調停人は、交渉の焦点を権利や権力から利益にシフトさせるために置かれると良い。調停は、争いごとが訴訟のような権利手続や、ストライキのような権力手段にエスカレートするのを防ぐセーフティ・ネットの働きをする。

調停は労使関係で広く活用され、契約交渉はもとより、不服や不満のような問題解決にもどんどん取り入れられている。環境や地域問題に関する調停プログラムも徐々に普及している。調停は家庭内不和から企業問題、国際紛争にいたるあらゆる種類の争いごとに使えるのだ。

「同僚による調停か、専門家による調停か」

調停手続には多くの形式がある。この手続のコストを左右する最も大きな要因は、調停人が組織外部の専門家か、紛争当事者の同僚かという点であろう。同僚を調停人にするのはコストが安いから（専門家とは異なり、一般に対価は支払われない）だけではなく、紛争がエスカレートしないように、しかるべきタイミングで、しかるべき人材を非公式に介入させられることが多いためでもある。たとえば、サンフランシスコのある小学校のプログラムでは、子供たちは校庭で争いが起ころうとしているのを見たら調停するように訓練されている。(16)

テキサスのある病院は、数段階の調停を用意している。ここの制度策定者は多数の管理職を訓練してきたので、紛争当事者のそばにはいつも誰かがいて調停に入れるようになっていた。人事部や、宗教的ケア、ソーシャル・サービス部門での鍵となる人材が、正式な調停実務を担当できると認定されてきた。この制度策定者はさらに、特に難しい紛争には、解決を支援するためにプロの調停人を呼ぶ準備もしていた。だから、この病院には三段階の調停があったわけである。問題が起こった時に、その場で、上司の支援で非公式に解決するもの、組織内部の専門家によるもの、そして組織外部のプロによるもの、である。(17)

「モティベーションを促す」

調停手続を制度化するだけでは十分ではない。紛争当事者が、その手続を活用するよう動機づける必要がある。たとえば、ブライアント高校の学内調停プログラムは、生徒が争いに直面したら、調停に詳しい生徒たちが解決しようという意識をもてるように、対立解決を学ぶ教室単位の研修から始まった。他にも、裁判に訴えようとする人たちが、裁判所職員や判事によって調停の努力をするように促される例がある。(18)

準備次第では、喧嘩によって感情を発散させるのに似た欲求も、調停で満たせることがある。特に感情が中心要素になりやすい人間関係の争いごとでは、当事者は自分の懸念をはっきり表すよう促され、また相手側の懸念にも耳を傾けるように言われるはずだ。ブライアント高校の学内調停プログラムに参加した女子生徒はこう説明している。

四人の女子生徒とのトラブルを抱えて調停のセミナーに参加したとき、私の頭の中には喧嘩しかなかった。だからこう思った。「いったい誰がこんなセミナーを必要とするのよ。私に何をさせようとしているの?」だって、私はあの子たちを叩きのめしたいだけだったから。でも調停員の人が教えていたのは、これから努力すべきこと、ということはわかった。でもその人はそれを押しつけなかった。私を引っぱり出す代わりに、私の言うことに耳を傾けてくれた。言いたいことを全部言えてとても気分が良かった。そのときにはもう怒りは消えていたの。そして「なんだろう。自分にこんなに効果があるのだったら、どうやるのか学んでみたい」と思った。研修の後、私の周りの雰囲気は変わったの。[19]

「スキルを上達させる」

調停人にも訓練が必要なことが多い。ブライアント高校の教室単位の研修では、調停役のための集中的訓練が続いた。この訓練は、講義とディスカッション、それに参加者が調停員の役と紛争当事者の役を演じる模擬調停ロールプレイで構成されていた。制度策定者は、模擬調停を当事者だけでなく、いずれその制度を使う調停員候補者にも経験させると良い。紛争当事者も調停人も、模擬調停を通じ、何を期待すべきかを学び、他の人たちが自分と同じように、その手続を使って合意を実現させることを考える。たとえば、労務不服調停プログラムは、調停人だけでなく、調停に参加することになる労使の代表者にも調停訓練を施している。

「資源を提供する」

調停プログラムには、調停人の選抜、訓練、配置、評価を行なう機関が必要だ。近隣問題に関する相談センターは、地域社会での争いに、その機能を果たすために設立された。われわれは、苦情調停を管理するために調停研究教育プロジェクト（Mediation Research and Education Project）を設立した。こうした機関は、結果へのフィードバックだけでなく、再教育講座を提供するなど、調停人へのサポートも行なっている。これによって、調停人が不在の場合も、継続して制度を機能させ、記憶の集積地となって、プログラムの結果の評価や調停手続の変更ができるようになっている。また、こうした機関は、プログラムを他の組織やより広範な地域社会に普及させるのに貢献している。

「調停のリスク」

調停手続を導入する際には、不測の事態が生じる可能性にも慎重になるべきだ。第一に、権利が大幅に削減されたり消失するなど、既得権が侵されるのではないかと過敏になっているグループはないか。たとえば、低所得者層向けアパートの運営を自治体から委託されている会社は、入居者の苦情解決には調停が好都合と考えるかもしれない。この方式が裁判による決着とは違った手続で問題を処理するからである。もし入居者がアパートにネズミが出ると苦情を言ってきたら、裁判所なら市の住居基準に照らして調査し、家主にネズミの完全駆除を命ずるかもしれないが、調停ならネズミ取りを設置するだけでよくなるかもしれない。これは入居者の既得権が奪われかねないことも意味するが、そのリスクよりも、全体としての取引コストは調停の方が低く（低所得の入居者にとっては重要な要素）、満足度の高い結果になる可能性が高く、今後も続く家主と入居者の関係を傷つけるリスクが小さい。このため制度策定者は入居者が調停手続を利用できるようにした。

しかし入居者には予知できない権利の侵害のリスクを最少にするために、制度策定者は入居者のための住居基準教育と法律相談を条項に加えた。[20]

第二の意図せざる結果は、調停によって権力配分の構造が変化したり、抑制されたりすることだ。たとえば、組合のない工場に調停プログラムが導入されて、いくつかの紛争が解決されれば、工場の組合加入の努力が妨げられるかもしれない。だから、新しい手続を考える場合には、それが法律上の権利や権力バランスに与える影響について慎重になるべきだ。関係者に起こりうる結果を警告しようとする集団が現れて、導入の賛否を左右することにもなりうる。

原則2 交渉に「ループバック」を組み込む

利益型の手続でいつも紛争が解決できるわけではない。しかし、権利争いや権力闘争ははるかにコストがかかる。優れた策定者は、紛争当事者が競争戦略から交渉に軌道を戻せるような手続を構築するはずだ。これをわれわれは「ループバック」手続と呼ぶ。手続の機能性を、当事者が権利争いや権力闘争から「軌道を戻し、利害調整に向かう」気になるかどうかを基準に検討するのだ。

権利争いからのループバック

ループバック手続の一つは、紛争当事者のもつ権利と権利争いがもたらしそうな結果についての情報を提供するものである。当事者はこの情報を使って解決策を交渉できる。権利の判別は、できるだけ低いコストでなされるが、解決策は合意で決めることを前提にするので、当事者の満足度、関係の質、合意の持続性を高めるはずだ。この手続のいくつかを次に略述しよう。

「情報手続」

アスベスト製造業者に対する膨大な数の訴訟が起き、裁判所が満杯になっているころ、革新的な構想を持った数人の策定者が現れた。彼らは裁判所のコンサルタントとして作業し、裁判と和解で決着のついたアスベスト訴訟の特徴と結果に関する情報をまとめ、データ・ベースを作った。新たに訴訟が起こされると、策定者はこのデータ・ベースから似たケースを検索し、過去の判例についての情報を使って今回の訴訟がどのあたりで妥結しそうか範囲を定める。この情報は独立した基準として、ケースがどんな結果になるかに対する不確実性を低減させ、弁護士が訴訟を解決するのに役立つ。[21]

この手続には、データ・バンクとそこから情報を引き出す分析手法をデザインする専門家、この方法を弁護士たちに普及させる専門家、データ入力と分析を行なう専門家などの人的資源が必要になる。しかし最終的には、こうした専門家の手を借りなくて済むはずだ。新しい訴訟が起こされたら、裁判所の事務員がパソコン上で簡単なプログラムを操作し、担当弁護士に情報を提供できるようになるからだ。

「助言型裁定」

権利関係の情報を提供するもう一つの方法が、助言型裁定である。この場合、裁定人の判断に拘束力はないが、紛争が裁定か裁判になれば、どうなりそうかについての情報を、当事者に知らせることになる。この情報で、裁判による審判がどうなりそうかなど、当事者の未知数が減らされれば、交渉での解決も促される。

事情の聞き取りは簡潔で、予測は口頭で伝えられるので、取引コストは拘束力のある裁定や裁判より低くなるのがふつうだ。このため、多くの裁判所が特定のケースについては、この助言型裁定を義務づけている。そして、助言型裁定で解決されなかった訴訟だけを処理するのである。[22]

われわれが石炭産業で策定した不服調停手続は、（第7章で詳述する）調停と助言型裁定を組み合わせた手続である。調停が失敗した場合、当事者が第三者に、裁定人がどのような判断を下すかを予測してもらう。当事者はこの情報で武装して、交渉を続けるか、予測された結果を受け入れるかを決める。

「ミニ裁判」

助言型裁定の応用型で、やはり情報を提供して交渉による解決を促そうというのがミニ裁判である。この手続では、各当事者の代理に立つ弁護士が、それぞれ相手側の決定権限のある代理人に証拠と論拠を提示する。理想的にはこうした代表者はそれぞれの組織の上級役員で、これまでその紛争に関わっていない人物がなるとよい。一般的には、中立の助言者（元裁判官が多い）も出席する。証拠と論拠を確認した後、これらの代表者が交渉で解決を試みる。それでも難航する時は、中立の助言者に、裁判になればどうなりそうかを予測してもらう。

この手続にもいくつかの強みがある。紛争に感情的になっておらず、問題をより広角に組織的な視点からも検討できる人によって話し合いがなされるのが第一点だ。しかも、こうした人たちには権利関係の情報や裁判で決着する際の可能性が知らされているため、交渉で満足のいく解決に落ち着きやすい(23)。また弁護士にも自分たちスキルを発揮する機会が与えられるので、手続への潜在的な反感も和らげられる。

「略式陪審裁判」

これはミニ裁判の応用で、陪審員ならどう反応するか、というさらに直接的な情報を提供する。裁判所の所轄地域の正規の陪審員候補者名簿から選ばれた模擬陪審員に、弁護士が訴訟内容を要約して提示する。そして陪審員が慎重に審議し、評決を下す。ふつうは、陪審員には彼らの評決が助言として使われることは知らされていない。ミニ裁判のように、紛争当事者の代表者がこの評決をもとに、解決の交渉を試みる

のである。(24)

権力闘争からのループバック

策定者は、当事者を権力闘争から交渉に戻す手段も構築すべきだ。

「クーリング・オフ」

当事者が権力闘争に乗りかかっているときや、その真只中にいるときには、交渉による解決はさほど魅力的には見えない。この感覚を活かして策定される簡単な手続の一つが、クーリング・オフ期間を設けるものだ。一定期間に限り当事者が権力闘争を停止するのである。タフト＝ハートレイ法も鉄道労働法も、ストライキが国家的非常事態に発展せぬよう、クーリング・オフ期間を定めていた。(25)クーリング・オフ期間には、規定になくても交渉が行なわれるのがふつうである。これは小規模の争いにも有効だ。ノエル・コワードの戯曲『プライベート・ライフ』では、いさかいの絶えないカップルが、口論が自分たちの手に負えなくなりそうになったとき、どちらかが「ソロモン・アイザック」と叫べば、すべての会話を必ず五分間中断すると決め、互いに冷静になるように努力するシーンがある。

「危機交渉手続」

クリーク炭鉱では、鉱夫たちが不満を経営者側と話し合わずにストに入ることがよくあった。われわれはストを回避するために、二つの追加ステップを推薦した。ストの前には必ず組合役員が経営陣と会い、鉱夫たちの懸念を検討する。それから鉱夫たちが経営者側の対応を話し合い、ストライキに入るかどうかを投票で決める。

危機のときの交渉では、交渉人には特殊な要求が突きつけられる。そのため、シミュレーション、チェックリスト、標準オペレーション手続などの危機交渉研修を行なうとよい。危機の際のコミュニケーション・システムを設定しておくのも有効だろう。アメリカとソ連の紛争では、直通回線電話《ホットライン》がこの機能を果たした。著者の一人ユーリは五年間にわたり、米ソの高官とともに「核危機削減センター」設置に向けた作業をしてきた。この危機管理センターでは、スタッフが二四時間体制でワシントンとモスクワに常駐し、事故による核戦争勃発を防止するため、非常事態下の意思疎通と交渉にあたる体制になっていた。[26] このセンター設置の合意は一九八七年九月一五日にワシントンで調印され、現在も稼働中である。

「第三者による仲裁」

ストライキや家庭内不和が暴力沙汰になれば、警察が介入して争いを止める。こうした第三者仲裁の形は、多くの紛争解決制度に既に組み込まれている。場合によっては、追加的な第三者介入が有効である。たとえば、サンフランシスコの学校群には、校庭でのけんかを仲裁するように子供たちを訓練する、コンフリクト・マネジャー・プログラムがある。[27] 子供たちは「コンフリクト・マネジャー」のロゴがプリントされた明るいオレンジ色のTシャツを着て、昼休みには二人一組で所定の場所に待機し、争いが起こると調停に向かう。国際関係においては、国連の中立的な平和維持軍が敵対する勢力間に割って入り、交渉と調停のための時間をかせぐ。こうした努力には、スキル訓練だけでなく、監督者および第三者的仲裁者という資源も必要になる。

■原則3　予備手段《バックアップ》　低コストの権利、権力型手続も準備する……■

効率的な紛争解決制度の要の一つは、最終的な解決を出すのに権利や権力に頼らざるをえないとき、これをいかに低コストで実行するかにある。この手続は、利益型の交渉では紛争が解決できない場合の予備手段になる。

権利を決める低コスト手続

「従来型裁定」

裁判より低コストの選択肢には裁定がある。これは、プライベートな裁判とも言える。裁判のように裁定も権利手続であり、当事者（または代理人）が証拠と論拠を中立の第三者に示し、それを基礎にこの第三者が拘束力のある決定を下す。(28) 裁定は、裁判よりもシンプルで、迅速かつ低費用で済む。公式の規定に縛られる必要はなく、厳密な期限も合意の上で設定でき、弁護士や費用のかかる証拠追求手続の使用を制限することもできる。

裁定は以前から様々な紛争解決に使われている。今日では、あらゆる団体交渉の九五％以上が、労使協定のもとに生ずる紛争に裁定を活用しているし、(29) 国際紛争に使われることもある。幅を広げて考えれば、裁定は大多数の組織でごく普通に行なわれている。衝突している管理職同士が上司に決定を求めるとか、(30) 家庭では子供たちがけんかを両親に言いつけに来るなどである。

裁定にもいくつかの形態がある。利害関係が小さく、似たような紛争が定期的に起こっているところでは、多数の問題を早く処理できる略式型の裁定を選んでもよい。これは、高速裁定の名で知られている。

これには、調停裁定複合型と最終提案裁定の二つあるが、当事者に交渉へのループバックを促すため、かなり利益型になる。

「調停裁定複合型」

調停と裁定の狭間に立たされる策定者は、その複合型を処方してもよい。これは調停人が、仲裁しきれないときに裁定人として働くもので、調停が失敗しても、その紛争の内容について別の中立者を再教育する必要がないので、効率性において調停単独の場合より優れている。もう一つのメリットは、当事者は自分たちで解決できなければ、中立者が紛争を決裁することを認識しているから、中立者が提言している権利基準を含め、その提案内容にかなり注意するはずだというところにある。裁定単独の場合に優るメリットは、複合型が単に解決を押しつけるのではなく、交渉による解決を促すことである。この手続は当事者が解決できない問題に、裁定単独のときよりも第三者に柔軟性を与えるので、権利決定への動きを最小限に抑え、交渉への「ループバック」となる。

だが複合型には、いくつかのデメリットもある。交渉で解決しそうな内容を、当事者が強制される条件と受け取れば、満足度や取り組み意欲が減退する。また、当事者は中立者が紛争を決裁するのを知っているので、調停的解決には役立つが、裁定の場合には自分に不利になりそうな情報は抱え込んで出さなくなるかもしれない。逆に、その紛争が裁定になる際には、調停人の決定には意味の薄い情報しか出さなくなることもある。紛争が調停にならざるをえない場合は、調停人には、そうした情報を割り引いて考えるのが難しくなるし、負けたと感じる側にとっては、調停人が公正を期したとは信じられなくなるかもしれない。(31)

「最終提案裁定」

裁定は別の方式からも、交渉による解決を促すことができる。最終提案による裁定は、裁定人は当事者双方の立場の間をとるのではなく、それぞれの最終提示条件のどちらか一方を自分の決定として採択し、強制する権限をもつ。裁定人に採用される見込みを考え、より説得力のある最終条件を出そうと、最後に提示する条件に、相手よりも合理性をもたせようというプレッシャーが当事者にかかる。このため、相手の立場に歩み寄る傾向が双方に生まれ、多くの場合、条件幅は交渉によって埋められるぐらいまで近づく。この手続は、裁定の判定に明確な権利基準がない場合に最も魅力的になり、妥協を導きやすい。この方式は、アメリカ大リーグの野球選手の契約更改や、公共部門の労使協定の条件闘争で成功を収めている。[32]

「動機づけ、スキル、資源を提供する」

利益中心の手続が失敗したとき、当事者が裁定を用いるよう動機づけるにはどうしたらよいか。裁判になってしまいそうなら、裁定のメリットが動機づけとなるかもしれない。しかし裁判を好む人たちもいる。判定の逆の主張がずっと容易に思えるときなどである。そのような場合は、助言型裁定が安心させるかもしれない。特に、それが自分側にとっては助言で、相手側には拘束となる場合は可能性が高い。たとえば、不満をもっている消費者が、苦情を裁定にもっていこうとする際に、企業対消費者の裁定プログラムには、「裁定人の決定は企業への規制を伴うが、消費者に対する制限はない」という条項がある。[33]

裁定を促すもう一つの手段は、あらゆる紛争が起こる前に、裁定を利用する約束をさせておくことだ。当事者にとっては、特定の紛争の場にいるよりも、原則として裁定に合意しておく方が楽なケースが多い。紛争が起こった場合には、代表者は関係者に対し、自分の両手には枷がはめられているのだと所属団体に言うことができる。つまり、その紛争は裁定に委ねられる、と契約や協定で決められていることを示せるのだ。

他のすべてが失敗した場合に、裁定を義務づけておくことも可能だ。既に述べたように、紛争当事者が問題を法廷に持ち込む前に、それを裁定に委ねることを要求している裁判所もある。有害廃棄物処理施設の建設に対する紛争が、交渉で解決できない場合は、法律で裁定が義務づけられている。

こうした様々な裁定には、どれも裁定人が必要になる。だから策定者は、当事者が裁定人を選ぶのに手を貸す必要がある。裁定人にはスキル訓練も必要である。当事者の代理人には弁護訓練が必要となろう。そこで、アメリカ裁定協会のような機関が設置され、訓練提供や裁定人の派遣に貢献している。

権力を決めるための低コスト手続

利益や権利を中心とする手続が使える場合でも、一方または双方が、自分の方が相手よりも強力だと思いこみ、権力闘争の方が満足度の高い解決が得られると信じていて、合意が成立しないことがある。策定者はこうした状況も想定し、他のすべての手続の予備手段として、低コストの権力手続を制度に組み込むことを考えるべきである。だが、どんな新しい手続も相手側に有利になるような気がして、双方に反対される傾向があるので、当事者に新手続を認めさせるのが難しいこともある。その結果、こうした策定の努力が成功するのは、権力手続の行使が当事者すべてに高いコストを課す場合だけということも多い。比較的低コストの権力闘争には、票決、限定ストライキ、慎重の規定《ルールズ・オブ・プルーデンス》などがある。

「票決」

一九三五年に全国労働関係法が施行される前は、労働者の団体交渉権についての紛争は、激しいストライキと暴力を招いていた。争議では死者も出、重軽傷者は多数に上った。この法律は低コストの権力闘争を設定することにより、暴力を終結させるのに大きな役割を果たした。その低コストの権力手続とは、組合には選挙を、経営者には従業員の過半数が選挙で選んだ組合側と誠意をもって交渉することを要求しただけのものである。

「限定ストライキ」

高くつくストライキのコストを、模擬ストライキによって削減する方法もある。一例には、一九八七年のプロ・フットボール選手のストライキがある。このときは、従業員側はストをせず仕事を続ける、つまり選手たちはゲームへの出場を続ける、という提案が通った。普通のストであれば、選手側は所定の給料を見送り、経営者側は通常の収益を見送ることになる。このときは、その合計額を一定条件を満たす場合に効力を生ずる第三者預託金とし、解決までの時間経過とともに一定額が加算され、双方が一緒に選んだ慈善事業に寄付することにした。この方式なら、権力闘争は続くが、フットボールの試合を盛り上げるという共通目標の追求は阻害されない。最終的には、この権力闘争は、第三者への預託残金は紛争解決の時点で両者に返還されるので、従来型のストより当事者のコスト負担が抑えられる。[34]

こうした低コストで権力闘争を行なう独創的な提案は、まだあまり採用されていないが、他の低コスト型ストライキは機会に応じて使われている。一例に、労働者が一時間(かそれ以内)のストを行ない、高いコストによる損害を出さずに自分たちの権力を誇示する象徴型ストライキがある。日本では、労働者はしばしば「順法闘争」と呼ばれるストライキを使ってきた。仕事は通常通りに行なうが、労働者は腕章や鉢巻を身につけて不満を表し、不服が解消されていないことを見える形で経営陣や世論に訴えるのだ。

クリーク炭鉱のストライキのコストを削減するために出した提案の一つは、ストの起点となる最初のシフトが、仕事に戻る時の最初のシフトになる、という慣行を捨てることだった。そのやり方だと、ストが終わっても、そのシフトの担当時間が来るまで操業が再開できなかった。しかし新方式では、紛争解決と同時に、その時間を担当する予定のシフトが作業に復帰するので、空白が短くてすむ。そして八年後も、この政策は生きている。

あらゆる権力闘争と同じように、低コストの闘争にも、意図せぬエスカレーションのリスクが伴う。これにはスキル訓練が役に立つことが多い。たとえば、シーブルック原子力発電所に反対するデモ行進の指導者たちは、衝突によって暴動が起こるのを心配していたので、デモに参加する予定の人たちに、非暴力的行動を教えるための広範な研修会を組織した。[35]

「慎重の規定《ルールズ・オブ・プルーデンス》」

権力闘争の中で使用される破壊戦術を制限しようということについては、当事者も公にしろ暗黙にしろ合意するだろう。たとえば、街のちんぴらグループであっても、衝突の際にはナイフや銃は控え、素手でのみ、という合意があるかもしれない。米ソ間でもある種の慎重の規定が遵守されていた。たとえば、核兵器を使用（実際に発射）しない、相手の部隊と直接交戦しない、相手側の重要な利益を損なう直接軍事行動はとらない、などであり、これによって最もコストの高い権力闘争、すなわち全面的核戦争、を回避していたのである。[36]

紛争当事者に、その持てる権力の全面行使を思いとどまらせる要因は何か？　ほとんどの場合、相手側も同様に無制限戦術を行使し、それによって双方に膨大な損失が発生することへの恐れである。もっともシンプルな慎重の規定は、接触によって戦闘が起こりそうな場合は相手と距離を置く、ということだ。国家のような大型の集団であれ、街の暴力団のような小さな集団であれ、縄張りや緩衝帯を設けるのはこのためである。

原則4　事前協議と事後フィードバックを組み込む

第四の策定原則は、不必要なコンフリクトを防止し、将来の紛争を回避することだ。これは事前の通知と協議によって、そして事後の紛争分析とフィードバックによって実現できるだろう。

「通知と協議」

クリーク炭鉱では、従業員に大きな影響を及ぼすような行動をとるときは、その前に経営者側が通知を出し、組合と協議する、ということを提案した。通知といっても、計画している行動に先立ち、内容を伝達するだけのことだ。次の段階の協議では、示した行動を実行に移す前に、それについて話し合う機会を提供する。通知と協議は、単純な誤解から生じる紛争を防止できる。またこれによって、突発的な一方的決定が招く怒りや、反射的な抵抗を抑制できる。最終的には、早い時期に相違点を明確にすることができ、それを話し合うことになる。

「紛争後の分析とフィードバック」

もう一つの目標は、似たような紛争が再発するのを防ぐために、当事者が紛争から学習できる仕組を整えることだ。紛争の中にはもっと大きな問題の兆候となるものがあり、当事者や組織はそれが何か、またどう対処するかを学習する必要がある。優れた策定者は、紛争後の分析とフィードバックの手続を制度に組み込む。あるメーカーでは、弁護士と経営者が定期的に消費者からの苦情を分析し、製品設計のどこを変えれば、今後同じような問題の発生可能性を減らせるかを解明しようとしている。マサチューセッツ工科大学では、問題になる学内の業務を検討し、どこを直すべきかをオンブズマンが提案している。(37)

地域社会の大きな利益が侵されそうになっているところでは、策定者は違ったタイプのフィードバックを取り入れる。苦情をとりまとめ、地域を守るための行動をとる手続がそれである。たとえば、消費者のための調停機関が、各商店に対する苦情を記録し、同じ商店に対する苦情が何度も繰り返して出されるようなら、州のしかるべき組織を通じて警告する、などである。[38]

「フォーラムを組織する」

協議と事後分析を制度化する一つの手段は、話し合いのためのフォーラムを定期的に開くことだ。[39] 紛争から発生する問題点と、根本原因、さらに個別の紛争を超えた幅広いことについて、定期的に会い、話し合うメリットは大きい。クリーク炭鉱では、この目的でコミュニケーション委員会を再開し、毎月開催するようにした。パシフィック・ベル社では、規制緩和による厳しい変化を乗り切る過程で、会社と組合が共通利益フォーラムを組織し、不必要な紛争を協力して防止する方法を話し合った。[40]

原則5　手続をコストの順に整備する

以上の策定原則は、利益中心の交渉からループバックへ、そして予備手段として権利・権力型のなかでも低コストの方策へ、という流れで手続を作り上げるものである。この流れは「紛争解決のための階段」を一歩一歩上るようなイメージになる。この流れをまとめると、次ページのような手続のメニューができる。

予防手続

通知と事前協議

紛争後の分析とフィードバック

フォーラム開催

利益中心手続

交渉

口頭による迅速な紛争処理

複数の窓口設定

交渉手続の確立

多段階交渉

ワイズ・カウンセラー

調停

同僚による調停

専門家による調停

ループバック手続

権利型

情報手続

助言型裁定

ミニ裁判

略式陪審裁判

権力型

クーリング・オフ期間

第三者仲裁

低コストの予備手続

権利型	権力型
従来型裁定	票決
高速裁定	限定ストライキ
調停裁定複合型	象徴型ストライキ
最終提案裁定	慎重の規定

基本は利益中心の交渉から始め、だめなら利益型の調停に移り、それでも解決しなければ、低コストの権利手続へという流れである。この章の冒頭にあげた石油会社の共同事業が使ったプロセスには、三つの段階があった。まず共同経営委員会で紛争の解決を試み、初期のうちに問題の芽を摘むようにすること。これに失敗した場合、問題に関与していない二人の上級役員を呼び、交渉させる。そしてこれにも失敗した場合は、費用の高い裁判ではなく、低コストの裁定に回す。

こうした流れを作ることによって、制度の中に潜在するギャップが埋められる。当事者がいつも交渉から裁判に直行していれば、策定者は調停、助言型裁定そして裁定という仲裁ステップを考えるはずだ。しかしながら、ステップを追加する場合は、その新しい手続が既存の方式に及ぼす影響について、よく考えなければならない。手続を加えても、当事者は前半の手続を単なる形式としか見ないかもしれない。調停が容易で魅力的に見え、当事者があまり交渉しなくなるかもしれない。多くの手続を、コストを基準に一つの流れに整備することで、エスカレーションを促すような逆効果を生むかもしれない。梯子の段に近づけば近づくほど、上るのは簡単に見えるものだ。これはもちろん、紛争制度策定にはそんなパラドックスがあるから、進展に応じた流れを構築するな、という意味ではなく、あくまで、意図せざる結果が起こる可能性にも注意せよ、ということである。

原則6　必要な動機づけ、スキル、資源を提供する

最後の原則はすべてに関連する。手続を使う人への動機づけ、関連スキル、必要な資源を与え、制度が機能するよう補助することである。先に述べた有害廃棄物処理施設を建設する際の紛争処理制度の策定には、州議会が交渉を義務づけただけでなく、交渉過程をサポートするための技術支援の形で資源を準備している。必要な動機づけ、技術、資源がなければ、手続は崩壊するだろう。

結論

この章では、紛争解決制度策定の六つの原則を述べた。第一は最も中心となるもので、利益に重点をおくこと。第二は、交渉に軌道を戻すための権利・権力手続を提供すること。第三は、権利・権力型の中でも低コストの予備手段を準備すること。この第二、第三の原則は第一原則を補完する。第四原則は、紛争が起こる前の協議と、解決後のフィードバックを組み込むこと。第五原則は、低コストから高コストの流れで手続を整備すること。そして最後の第六原則は、こうした手続をすべて機能させるために、動機づけ、

スキル、資源を供給することである。つまり、こうした策定原則が対立によるコストを削減し、コンフリクトに潜む可能性を実現するための、実践的な方法の基礎となるのである。

ここまでは、策定者が医者で、紛争当事者は受身の患者のような表現になった。しかし現実は、当事者も、プロセスのあらゆる段階で積極的な参画者であるし、またそうあらねばならない。次の章では、策定者と紛争当事者の関係に目を向ける。

第4章 制度を機能させる

——紛争当事者を巻き込む

シャープに診断し、独創的な方策を考えても、紛争当事者と密接な作業をせずに解決制度を変えるのは非常に難しい。策定者が自分の全体的な構想を、特定の状況に合わせて形にするには、当事者の知識が必要になるし、当事者の積極的な支持がなければ、どんな改革も持続しないだろう。策定のプロセスは技術的な作業であると同時に、支持を獲得し、抵抗を解消せねばならぬという極めて政治的な作業でもある。ここでは、進行順に（1）スタート、（2）診断と策定、（3）改革の実行、（4）撤収、評価、普及、の四つの局面における当事者との作業プロセスを論じる。

スタート

紛争解決制度を策定する機会は、次の三つの状況から発生することが多い。（1）危機的状態が進行しているとき、（2）内部の人間が「より良いアイディア」を発案したとき、（3）新しい関係や組織が成立しつつあるとき、である。

危機的状況

問題が悪化し、深刻な状態になるまで、紛争解決制度の変更は誰も考えようとしないものだ。紛争に膨大な時間と多額の費用が奪われ、結果への不満がつのり、人間関係がストレスにさいなまれ、同じ争いが何度も起こるまで、改革の必要性は省みられない。しかも危機的状況になってからも、外部から人を呼ぶくらいはあっても、制度本体が見直されることはまれで、本質的なことにはなかなか着手されない。いきなり研修プログラムを始めてみたり、形だけの提案だったり、ばらばらに問題に取りかかるくらいが関の山だ。当事者と策定者が互いをよく知り、信頼するようになって初めて、制度改革の機会が訪れることが多いのだ。ある制度策定者は次のように語る。

私の印象では、多くのコンサルタントは個別の問題解決を依頼されるのであって、組織全体の問題を解決するために呼ばれているのではなかった。制度改革の必要を認めない、あるいは変更したくない、という人間が必ず権力の座にいるものだ。連中が求めるのは現状維持だ。自分が変化に適応できなかったり、改革で損をしたり、既得権益を失うかもしれないのが怖いのだろう。できるだけそのままでいたい、というのが本心なのだ。[1]

これからの策定者は、当事者の不満と置かれている状況を活用して、制度建て直しの構想を導入するべきだ。ＩＢＭと富士通の係争で起こったのがこのタイプである。ＩＢＭのソフトウェアを富士通が不法に使用している、という訴えから発生した数多くの紛争に決着をつけるため、裁定人が導入された。しかし裁定人はまもなく、裁定結果がどうであれ、将来も紛争が続発することがわかった。そこで彼らは両社と共同で作業を進めながら、紛争解決制度の策定にも足を踏み入れていくことになった。

より良いアイディア

すべての変革が危機の最中に起こるわけではない。変革には漸進的なものもある。時には、創造的な構想力が変革の引き金になる。外部から人を入れるのに抵抗があるのは自然なことなので、こうした変革はたいがい内部の人間によって先導される。たとえば、宗教指導者や学校役員が、自分たちの組織に調停制度を導入してきたし、裁判官は法廷の命令としての裁定、調停、そして司法制度へと同様の変化を広め、影響力を発揮し、改革を促進してきた。[2] また、職場の不満の調停は、企業と労働組合の双方が効果的に導入してきたが、これは危機のためというより、単に調停が紛争解決により良い方法だと思われたからだ。

新しい制度

紛争解決制度の策定に理想的なタイミングは、関係が始まるとき、つまり紛争が起こる前、である。結果が手続に左右されるような紛争に巻き込まれる前に、その手続について合意しておく方が、当事者には容易なはずだ。またこうした時期なら、策定者も既存の制度に利害関係のある人たちからの反発に対処する手間を省けるだろう。しかし、それでも制度策定には、心理的抵抗があるものだ。

仲の良い間柄になることと願いつつ関係を結んでいく時には、将来起こりうる衝突を考えるのが、心理的に困難なことを多くの人は知っている。たとえば、結婚した夫婦の三分の一が離婚している、という事実があるにもかかわらず、問題が起こったときに二人の間でどう解決するか、を明記する婚前協定を行なうカップルはほとんどいない（再婚しようとしている人でさえ考えない）。ビジネスの場でも同じで、将来起こりうるコンフリクトの効果的解決という、未知の利益の実現はあまり考えず、そんな紛争解決協定の条件を検討すること自体が問題を生みそうで、いやがられるものだ。またこれから起こりうる紛争について言い出すことが、関係への取り組み意欲が足りないと受けとられかねないのも、阻害要因の一つである。[3]

ただし、紛争の可能性をしっかり予測し、問題が起こる前に処理手続を準備している人たちもいる。事実、労使協定はすべて、その契約のもとで生じる紛争に対処する手続を備えているし、企業間の共同事業協定の多くにも、慎重に取り決められた紛争解決条項が含まれている。[4] 国家間でも同じように、紛争を解決するための事前条項を作成することがある。たとえば、米ソ間のＳＡＬＴⅠ（第一次戦略兵器削減条約）協定には、常任協議委員会の設立が記されており、条約違反と思われることに関する紛争はここで解決するようになっていた。[5]

制度策定者への教訓は明確だ。紛争の起こりうる関係に参入する場合、紛争が起こってからではなく、発生「前」に低コストの紛争解決制度を策定するよう、当事者に強く求めるべきなのだ。

信頼を得る

危機、より良いアイディア、制度刷新とどんな形で関与するにせよ、策定者の最初の課題は、すべての当事者から信頼を獲得することだ。策定者が既に一方と関係がある場合は、片方寄りだというイメージをもたれているかもしれない。このような状況では、策定者は相手側に対して、他方に与しているという印象を除去すべく、一緒に作業できる味方だということを示すとよい。策定者が一方の招いた部外者の場合は、相手側と相談して、共同招聘の形にさせることもできよう。関係者全員とほぼ同時に接触することはたいへん重要である。対立状況で、一方に相手寄りだと思われると、策定者の信頼性は危うくなる。

第一回目の接触から、策定者はまさに調停人のように、当事者間や内部にある隠れた方針や対立には特に敏感でなければならない。たとえば、クリーク炭鉱で気づいたのは、われわれを招いているのは経営陣内部の派閥の一つであり、彼らの見解の支持と紛争処理策の検討で、対立派閥を打ち負かすのを期待されていたことだった。

当事者すべてに認められて招かれている策定者は、押しつけられたり、自らの動機で取り組んでいる人よりずっと楽だが、招聘状が信頼保証になるわけではない。双方の指導者による招聘も、単に関係者あるいは部下として参加する入場券にすぎない。クリーク炭鉱では労使双方の上級役員から招かれたのだが、まもなく、組合支部と現場の経営幹部にとっては押しつけられた格好になっていることがわかり、時間がたつとさらに、組合幹部に受け入れられることと一般組合員から認められることも別だ、ということにも気づかされることになった。

関係者を診断と策定に巻き込む

関係者すべてから情報と支持を得るため、策定者は診断と策定のプロセスの初めから彼らを巻き込むべきだ。当事者がこの過程に乗ってこないと、いかに成果が客観的にみて優れていても、それを認めようとしないだろう。

当事者を診断と策定に巻き込むには、いくつかのアプローチが使える。たとえば、策定委員会を設置する、シャトル調停に取り組む、意思決定の鍵になる人物やオピニオン・リーダーを説得する、などである。(6)

策定委員会の設置

関連する当事者すべてを確認した後、策定者は彼らを招き、制度の診断と策定を支援する委員会への代表者を選ばせるとよい。この策定委員会が、策定者と当事者の連絡機能を担うことが多い。ある策定者は次のように語る。

　策定プロセスを補助し、フィードバックを与え、軌道を維持し、策定者と紛争当事者の橋渡しをするために、われわれは様々な利益集団を代理する人々を活用する。策定委員会が手続を協議するが、手続を推奨するのは策定者ではなく、委員会なのだということを明示する。納得しない人がいれば、そのグループの代表者がこう言える。「まあちょっと待ってください。そのためにこのようなやり方で進めてきたんですから」。この方式は、プロセスが自分たちのものだという意識を強め、共同での問題解決に高いコミットメントを引き出す。(7)

別の策定者はこうつけ加える。策定委員会のメンバーひとり一人が、自分の代表する集団と相手側との間の「準」調停人のような働きをする。[8] 各自が積極的に自分の集団と協議し、合意に則った手続変更が、実際の利用者の支持を得られるようにしているのだ。[9]

シャトル調停への取り組み

当事者間にある敵対心や不信感が、生産的な共同作業を阻む恐れがある場合、シャトル調停が当事者たちを引き込むのに役立つだろう。このプロセスでは、策定者が当事者と個別に会い、紛争解決制度の変更についてのアイディアをつむぎ出すことに努める。これは、合意が成立するか、共同の会合を開催できるくらいに敵対意識が薄れるまで続けられる。われわれがクリーク炭鉱で使ったプロセスがこれである。

シャトル調停を補助するもう一つの手段が「ワン・テキスト」方式である。これは、策定者が自分自身の構想だけでなく、紛争当事者から寄せられたアイディアを、一本の案にまとめることから始まる。策定者はこの原案を正式な推薦としてではなく、当事者からの提案と策定者自身の経験から抽出した大まかな構想として提示するにとどめる。だから、この時点では当事者に原案への賛否を問うてはならず、批判や意見を求めるだけにする。たとえば、このような考え方で実行し、失敗して問題がコストの高いものになるとしたら、どこに原因があるのか？　現在使われている手続に代わるものは何か？　この構想はどうしたら改善できるか？　他に必要なものは何か？　などである。[10]

関係者との協議を経て、策定者は一方が提案する変更を取り入れつつ、内容が他方にとって不利にならないように注意して原案を書き直し、調整する。それから関係者のところに戻り、改めて建設的な批判を求める。もちろんここでも賛否を求めてはならない。その後、また同じ作業を行ない、さらに批判と意見を求める。このやりとりは三回で済むかもしれず、二三回かかるかもしれないが、最終的には批判点を出した人すべての足跡を記した制度案が残ることになる。そして、策定者は当事者の利益を満たすための最善を尽くしたこの時点で初めて、全員の正式な承認を求めるべく、制度案を提出するのだ。

鍵となる人物に注目する

策定者は実際の紛争当事者からの支持が必要なのはもちろんだが、状況によっては、それ以上に、紛争解決制度をコントロールしている有力者からの支持が必要になるかもしれない。コロンビア特別区での、いわゆるマルチドア式裁判所の設立を導いたプロセスがこの一例である。[11]

もともとの先導役は、市民苦情センターの設立者で所長の女性だった。彼女は、高等裁判所の家族部門の主任判事に、この構想を持ち込んだ。大物裁判官を巻き込むことが重要だと考えたのと、マルチドア裁判所の概念を家庭問題処理の場に置くのが近道だと思ったためである。しかし、この判事は、もっと多面的なイニシャチブの可能性があると考え、高等裁判所長官にこれをもっていった。長官はさらに、司法界のリーダー、産業界のリーダー、市議会と合衆国弁護士会の代表者からなる特別区会議を召集した。そうして、この制度に関わる主要人物のほとんどが、初期からこの構想にしかるべき関わりをもつことになったのである。[12]

重要人物に的を絞るもう一つの例は、われわれが石炭産業で確立した不服調停制度にある。まず、組合と炭鉱経営者協会のトップから大筋での承認をとることから始め、次に地区組合の代表と本社の労務部長に接触した。彼らもこの手続を原則的に認めたが、手続が採用された場合でも、組合支部の役員と炭鉱の労務責任者にメリットを納得させなければ、手続が実際に使われることはまずないだろう、と語った。逆に言えば、組合支部と管理職側のリーダーが手続を支持したら、個々の紛争当事者、つまり鉱夫と職長はとにかくこれを試すくらいにはなるだろうということだ。その後、われわれは現場のリーダーたちにこの手続を売り込むことに一生懸命になった。予想したように、現場のリーダーシップが意欲的なところでは、この手続は良いスタートを切った。が、それ以外のところでは、まばらな動きしかなかった。

策定者は、有力者が紛争当事者の用いる手続に強い影響力を握っているところでは、鍵となる人物の絞り込みを慎重に行なうべきだ。しかしそんな状況でも、策定者が制度の利用者となる人たちによく説明して回ることは欠かせない。理解の深まりが、新手続の利用の動機づけにつながるからだ。(13)

策定者の調整行動

新しい紛争解決制度の試行を関係者に認めさせるには、策定者は、専門家、調停人、そして交渉人という全く違う三つの役割のバランス感覚を修得しなければならない。既存の制度の分析と可能性のある代替案を策定するときには、専門家の役割を着る。当事者の利害関係を合致させる仕組を構築する協同作業のときは調停人の役割に、そして策定構想を説得するときには、交渉人の役割へと着替えることになる。ある策定者は、刑務所向けの制度を作っている時に、この役割スイッチをどう切り替えたかを次のように語っている。

当時、私は自分たち（策定チーム）のアイディアを出し、当事者と話し合って枠組を作ろうとしていた。このときは少し安心していて、策定作業を滞らせないように、またトラブルを起こさないことだけに注意していた。しかしこういうときこそ所長のところに出向き、それまでの成果の了解を得、後の展開を承認してもらわなければならない。さもなければ、苦労して作ったすばらしいパッケージをいざ引き渡そうという場面で、所長は言うはずだ「これは無理だな」。かくして数か月の努力が水の泡となり、言われるまま、すごすごとひき返すはめになる。つまり、策定委員会と所長の間の調整だけでなく、それぞれとの直接交渉があるのだ。(14)

抵抗勢力への対処

当事者全員が改革作業に加わっていても、中には新手続にあからさまに反対する個人や集団もある。自分の管理者としての役割が脅かされると感じる人もあれば、既存の制度の方が良いと信じ込んでいる人もいる。また既存の制度によって紛争を「勝ち抜いて」きたのだから、どんな変更も自分にとって不利になる、と思い込む人もいる。

「役割が脅かされている人たちへの対処」

たとえば保護観察官は、初犯少年すべてを少年裁判所ではなく、地域の審判手続に送る、という計画には反対するだろう。保護観察を要する少年の数が減ることで、自分たちの必要性も小さくなると予想するからだ。労使関係の裁定人は、不服調停が整うと、裁定に回される不服の数が減るので、調停に反対するだろう。弁護士は、裁判所が支援する裁定手続によって訴訟が減る、といって反対するだろう。時にはカモフラージュされ、時にはあからさまに、失職への不安は強力に作用する。この種の恐れに対処する最も効果的な方法は、新手続の中で彼らが果たせる役割を示してやることだ。弁護士が第3章で述べたミニ裁判や略式陪審裁判に関心をもったのは、これらの手続では、弁護士が審判の前で証拠の開示や論証を行なうという、彼らの伝統的な機能を果たせるからだ。同様に、不服調停手続の導入を不安がる労使問題の裁定人には、労使関係に関する知識と経験、それに労使協定の解釈能力が、調停手続における調停人として仕事をするのに最適なのだと指摘した。

ただし、新手続がそれまでの方式で重要だった個人や集団の役割を抹消せざるをえない場合や、同等の役割を補えない場合もある。そのようなケースでは、策定者は、当事者に反発が起こることを予め説明し、どう対処するかを計画しながら、改革の支援者と作業を進めなければならない。

「今まで『勝ち組』だと思ってきた人たちへの対処」

生徒が成績への不満を言いやすくするための手続の策定に、なぜ教師が参画すべきなのか？　法律に基づく請求からうまく自己防衛してきた政府機関が、権利決定より利害調整を重視する手続の策定に、なぜ参画しなければならないのか？　今の制度での「勝ち組」が、その変更に進んで手を貸そうとしないのはもっともな話ではある。

策定者が使えるアプローチはいくつかある。勝ち組が変更作業に参加しないのなら、新制度は彼らの利益を無視する、と示してもよいだろう。新制度で「勝てる」紛争が減っても、結果的に取引コストが大幅に下がり、紛争は繰り返されなくなり、関係が改善されて、全体としてプラスなのだということを示してもよい。これまで不服裁定の大多数で勝ってきたために、調停導入に反対する会社や組合に対して、われわれが強調するのがこの点である。小売業者との訴訟のほとんどに勝ってきながら、その過程で多くの小売業者を失うという事実に困惑しているメーカーの社長にも、全く同じポイントから説得できるだろう。

抵抗勢力にのしかかっている根拠なき不安や、脅威の誇張程度にもよるが、いずれも改革の経験がそれを和らげていくはずだ。新手続の試行は特定の場所か、特定の期間に限って予定するとよい。たとえば、われわれは紛争当事者に、六か月間あるいは苦情一〇件分だけ苦情調停を試してみるようすすめた。未知への不安が招く反発は、手続をまず短期間の試用に限ることで静まるのが一般的である。[15]

改革を実行に移す

机上の設計図を建設現場で形にするまでの道のりは長い。関係者が新手続を承認しながらも、試用には抵抗するとき、実は新しい利害が必然的に明らかになる。消極的態度は、必要なスキルがないことや、それを修得できないかもしれないという不安から生まれることがある。前もって特定するのが難しい、新しい設計図の細部が、改革全体の有効性を直接揺るがす障害になるかもしれない。どんな制度も、手続や動機づけ、スキルや資源などを調整しなければ、機能しないのだ。

ある策定者は、近隣住民の人間関係の紛争を調停するプログラムを実行に移したときの最初の数日間を、次のように言っている。

われわれはただちに、約二五名のグループで第一回の（調停）研修に取りかかった。数回目を終えても調停員たちの進め方に納得できなかったので、再訓練を受けるように求め、もう一度研修を実施し、その成果を検討した。だが「もっと効果的にやれるはずだ」という感じだったので、さらに研修を行ない、（調停）経験に基づき、訓練プログラムも改定を続けた。一年半ほど続けてようやく何かをつかん

だという気になった。(16)

改革を実行に移すには二つの作業が必要になる。一つは当事者に新手続を使うよう動機づけること。もう一つは、新手続を実行するためのスキル修得を補助することである。

紛争当事者が新しい手続を使うように動機づける

診断と策定の仕事の大半は、新手続が当事者にとって魅力あるものにすることである。その手続が表向きは気に入られているようでも、紛争当事者は使用をためらうかもしれない。こうした抵抗感の解消にはいくつかの方法がある。それは、手続を実演してみせること、リーダーを事例として活用すること、同僚を支持者にすること、目標を設定すること、インセンティブを与えること、初期の成功例を公表すること、などである。

「手続を実演する」

新手続に対する使う側の懐疑を払拭するため、同じような手続を使っている人と話す機会を与えてやるとよい。手続が実際に使われているところを観察する機会を設定してやるとなおよいはずだ。また、経験者となかなか接するチャンスがない場合は、新しい利用者に模擬演習をさせてもよいだろう。こうしたシミュレーションに参加した人が、次のように述べている。

相手の人物と一緒にやって行けるだろうという気がしました。相手は情報をオープンにしようという態度でしたし、演習ではこちらの利益も考えてくれているようでした。もし、実生活の場でもああしてくれれば、われわれは一緒に仕事をする力をつけられると思います。[17]

「リーダーを手本にする」

リーダーは改革案の採用を当事者に促す際の、模範的役割を果たせる。クリーク炭鉱では、炭鉱責任者に坑内で鉱夫と過ごす時間を増やし、直接言葉を交わし、彼らの不満に耳を傾けることを薦めた。狙いは、職長のためのお手本になることだった。つまり、上司が交渉に取り組んでいるのを部下の職長たちが見れば、自分もそうしようという気になると考えたのだ。不満に対するリーダーの態度が、紛争を解決するためにはどの方法が適当で、いかに成果があるかを組織内に示す強力なシグナルとなるのだ。

「同僚をサポーターにする」

新手続の策定や活用に関わってきた人たちが、その売り込みに適役なことが多い。刑務所での作業を進めていた策定者が、策定委員会のメンバーに、新しい手続を受刑者たちに説明するよう依頼した。いわく「受刑者の中で地位の高い代表者が所内を回り、本人もとりまとめに参加してきた手続について話したことで、多くの受刑者はそれを試す価値があると思うようになった[18]」。同じように、校内のもめごとの調停員としての研修を受けた生徒たちは、自分の友人に調停を試すように薦めるし、離婚調停の訓練を受けた弁護士も、依頼人に調停を考えるよう促している。[19]

「目標を設定する」

動機づけの最も効果的なテクニックの一つは、明確で挑戦的な目標を当事者に設定させることである。[20]インターナショナル・ハーベスター社での目標はシンプルだった。「すべての苦情は口頭で、その日のうちに解決せよ」だった。それまで奨励されていた「苦情はできるだけ速やかに解決せよ」では漠然としすぎていて実行が難しく、どれだけ進展したかを測定できるはっきりした基準もなかった。明快な目標を設定すると成果はめざましかった。苦情はほとんどが口頭で解決されるようになったのである。[21]

「インセンティブを工夫する」

新手続をきちんと使わせるため、策定者は特別な報酬を与えてもよい。たとえば、紛争解決を管理職の業績考課に加えたり、紛争解決スキルの習得を管理職の年間教育計画に加えてもよいだろう。

「初期の成功例を公表する」

新しい紛争解決制度による初期の成功事例を公表するのは、改定された手続を勢いづける。たとえば、インターナショナル・ハーベスター社では、次のような成功の軌跡にスポットライトを当てた。

ある種の儀式的な態度《ジェスチャー》が、新プログラムへの認知度を高めた。上級役員が現場の人々の頑張りと改革実行への意欲を称賛した。勢いがついたという感覚は、プログラムが他の状況でも成功を収めたという実例を語ることからも育った。最終的には、記念写真と関係者のコメントが社内誌に掲載された。こうした試みすべてが「新装版」が優れている、という印象とパワーを創り出したのだ。[22]

「策定者の存在」

新制度の実行段階では、策定者が顔を出すインパクトは見逃せない。関係者全員に、大がかりな変革が進行中だ、とのシグナルになるからだ。策定者は新手続の規範を見守るお目付役であり、その象徴の役割を果たすことになる。この存在がなければ、長い間なじんできた従来のパターンに、ごく簡単に引き戻される。特に、差し迫った危機や、根深い対立のプレッシャーにさらされている状況では、後退の傾向が顕著になる。策定者の姿があることで、可能な場合はいつでも、低コストの利益型手続を使うことを再認識させられるのだ。

当事者の訓練と指導

策定者の最も重要な実行課題の一つは、紛争当事者が新手続を効果的に使えるようにスキル習得の手助けをすることだ。新手続の大多数は利益型なので、交渉スキルと調停スキルの訓練、指導が中心になる。

「訓練」

優れた研修プログラムはプレゼンテーションと実習、それに適切な技法についての議論を模擬演習とフィードバックに組み込んだものだ[23]。紛争当事者の合同訓練も大切である。共同研修は、紛争解決のために選択すべき方法を話し合う共通の言語を参加者に与える。また何が利益型の交渉に適切な行動か、という共通期待を浸透させ、新手続を試すための安全な環境にもなる。しかも、新手続の利用目的を共同で設定する機会にもなる。

このとき、誰をどれくらい訓練するか、を決めなければならない。たとえ短期間でも、潜在的な紛争当事者を大勢訓練することは効果が大きい。ブライアント高校の調停プロジェクトでは、学級単位の調停と非暴力型問題解決のセミナーに、のべ三〇〇〇人以上の生徒が参加した。その結果、もめ事が起こったときにはほとんどの場合、問題解決法を知っている数人の生徒が現れ、見事に解決していった[24]。利益型交渉は性格的に向かないと思われる人たちにも、訓練の成果はある。ある策定者による通称「ヘビー」の話を考えてみよう。

初めての仕事となったニューヨーク州の刑務所は、非常に厳重なところで、数千人の受刑者が服役していた。策定委員会の作業をしていた男の一人で、後にこの委員になった「ヘビー」というあだ名の男がいた。本名は覚えていないが、身体が大きく、寡黙な男で、頭が良いかどうかはわからないが、気が短いのだけは確かだった。初めの頃は、すぐに拳を振るうのを何度も目撃した。新手続を実行に移しているとき、このヘビーも訓練を受けた。始まってしばらくした頃、苦情受付係が報告してきた。「信じられません。昨日、ヘビーが口論に割って入ったんです。すぐさま右の一発をお見舞いするものと思って見てたんです。でもヘビーはじっくり話し合いを続けたんですよ！」このケースが訓練の成果だと言い切れるかどうかはわからないが、報告した受付係はあくまでも訓練のおかげだと断言する。ヘビーがその場で人を殴り倒さず、話し合うことを学んだ事実が何よりの証拠だ、というのだ。[25]

策定者は、新しく来る人々にも新手続を知らせ、訓練してこれに参加させ、進行中のプログラムを確立し、継続できるものにしたいと考えるだろう。学校の調停プログラムも、地域住民向け調停プログラムも、調停員が異動した後も、自分たちの紛争解決制度をうまく維持している。これは、多数の調停員を定期的に訓練することで、新たに研修を受けた人たちが、経験を積んだ調停員の近くで仕事ができるのが大きな要因だろう。

「指導」

理想的なのは、策定者が紛争の初めから当事者を指導することだ。その場合、利益を明確にし、選択肢を考案し、対立条件の交換取引《トレードオフ》を中心にして当事者に準備を促すことになる。交渉の後、策定者が解説し、彼らの処理スキルについてフィードバックを与えることができる。こうした指導は対面指導でもよいし、電話などを使ってもよい。[26] ただし、指導には二つのリスクがある。策定者が偏った見方をしかねないのと、自分で調停してしまいたいとの誘惑に屈することである。だが策定者の姿勢が当事者全員にオープンで、紛争の肝心な面には介入しないようにすれば、こうしたリスクも小さくできる。

撤収、評価、普及

撤収

紛争当事者は指導、新手続を使う動機づけ、改革手続の修正、と策定者を頼ってくるかもしれない。策定者は、制度の構築を一時的に支える働きをするが、ある時点で現場を去り、新手続が自立できるようにしなければならない。従って、策定者は新制度の実施をコントロールする効用と、当事者に頼られてしまうリスクのバランスをとらなければならない。クリーク炭鉱では、著者の一人ユーリが現場で調停してしまう誘惑に駆られ、本人の役割はあくまで、新しい紛争解決制度を当事者が実行するためのコーチなのだ、と自らに言い聞かせるのに苦労していた。鍵となるのは、変革にチャンスを与えることだ。これは、当事者を補助することでもあるが、間違いながらでも当事者が自分で学ぶという意味の方が強い。

評価

評価の目的は、変革が意図したように機能しているかどうか、を確認することである。[27] 紛争のコストは削減できたか？ メリットは実現したか？ 意図せざる結果が生じていないか？ などである。評価は策定者が変革を微調整するのにも役立つ。また、新手続の普及を考えるなら、初期の経験からできるだけ多くのことを学ばなければならない。

評価は、三つの設問を中心にする。

1「新制度は機能しているか？」　取引コストは下がったか？　当事者の成果への満足度は上がったか？　関係は改善したか？　紛争の再発頻度は減ったか？　言い換えれば、新制度はどんな変化をもたらしたのか？　評価担当者は、予期したこと、予期しなかったことの両面で、この介入のマイナス面も探すとよい。

2「改革の有効性を制限するのは何か？」　別の言い方をすれば、どのような状況の下で変革が機能したのか、である。たとえば、われわれの不服調停プログラムの策定では、経験ある調停員でも、より良い仕事をするためには、しかるべき裁定経験が必要だろうという前提があった。しかし評価からは、裁定の経験があまりない調停員も裁定経験者と同じように良い成果を出していることがわかった。

3「改革はなぜ機能したのか？」　成功の最も重要な要因は何か？　新制度は策定者が想像したのとは全く違う理由で続いているかもしれない。こうした意外性も、自分の使っている理論の修正と将来の策定作業の改善に役立つ。われわれの不服調停プログラムを評価している時は、組合には取引コストの削減が最重要なのに対し、経営者には関係改善が最重要だという思いがけない発見があった。その結果、この不服調停を広める際、われわれは前者を組合側に、後者を経営者側に強調するようになった。

「評価は誰が行なうべきか？」

評価はプログラムの進行と並行して行なうべきだ。策定者はプロジェクトに詳しく、自分が成し遂げようとしていることを他の誰よりも良く知っているが、改善点を見つける時にはバイアスがかかるかもしれない。外部評価なら、このバイアスの危険性は小さくなるだろう。しかし、この場合、評価者は策定者が行なった診断の大部分を繰り返さなければならなくなるので、コストはかかる。

評価を策定者が行なう場合も、部外者が行なう場合も、当事者は積極的に参加すべきである。改革のもたらしたプラスの結果とマイナスの結果を最も明確にできるのは彼らなのだ。当事者の助力を引き出すことが当人の自己評価能力を伸ばし、問題の早期発見にもつながる。当事者が、手続が機能しないのはどんな時かに気づくようになれば、制度自体の改善プロセスを自分たちで持続できるようになり、最終的には策定者が不要になる。

「評価はどこまで細かく行なうのか？」

評価には時間も費用もかかる、しかし、そのプログラムを別の場所でも応用しようと考えるなら、新しい場所でも出てくるであろう懐疑や反発に対処するため、しかるべき評価データの準備がとても役に立つことに気づくはずだ。このようなデータは、われわれが不服調停を普及しようとする時に大切な役割を果たした。紛争解決のために調停がいかに有効かを延々と話すことより、導入後、一〇〇〇件の紛争のうち八五〇がこの方法で解決された、という数字ほど説得力のある事実はないのだ。

普及（オプションとして）

最も一般的な普及方式は、反復である。手続を次々に場を移して適用することである。[28] この方法は基本的にヨコ、つまり組織の主要ラインを横断する形になる。われわれは不服調停の普及にこの手法を使ってきた。ゴールドバーグは、いろいろな会議で苦情調停に関する数多くの報告を行ない、機関誌に記事を寄せ、学会誌には論文を発表し、個別の組合や企業にはプロセスを説明するため現場まで出向き、数え切れぬほどのミーティングに出席してフォロー・アップを行なった。もっと単純で時間のかからない方法は、ある組織内や産業内でタテに変革を広げることだ。会社のトップでなされる決定が、新しい手続をある工場から会社全体にというように展開する。企業合同での団体交渉の合意は、一つの会社から産業全体へと改革を広げられる。

政府の行動も普及を促進する。裁判所命令による裁定の活用を後押しするため、裁定プログラムの認可を法律で定める州があり、下院議会は連邦裁判所におけるパイロット・プログラムに予算を計上した。下院はまた、長期看護施設の高齢者のためにオンブズマン制度を用意するよう、各州に指示を出した。(29)

ただし、普及を進める際には、特定の関係、地域、組織のために設計された手続が新しい場所にうまく移転されるかどうかを必ず検討しなければならない。ある場所で機能した手続も、成功した場所で示されたような意欲、スキル、資源へのサポートがなければ、別のところではうまく作動しないかもしれない。しかも、より広い環境条件の下では事情が変わることもある。ある文化のもとで機能する手続も、別の文化では働かないかもしれない。権利手続は、和解を重視する文化ではあまり成功しないかもしれないし、利益中心型の手続は、白黒をはっきりさせる傾向の強い文化ではうまく行かないかもしれない。

結論

紛争解決制度の策定者は、紛争当事者との作業の中では、専門家、調停人、交渉人の役割に加え、指導者、評価者、伝道者の役割を果たす。既存の制度を分析し、可能な選択肢を検討する際には専門家に。制度改革への合意を取りつけるときは調停人に。同時に、自分が有効だと考える変革を当事者が採用するように交渉する。当事者が新制度を使い始めるのを補助するときは指導者になり、スキルの習得を助け、合意をまとめられないときにも熱意を失わせないようにする。さらに、新制度がどれくらい機能しているのか、そしてどんな修正が必要なのかを評価し、当事者が自分で決められるように計らう。普及活動に取り組むときは、策定者は伝道者になる。次のケース・スタディでは、われわれはこれらの役割すべてを演じている。

第2部

紛争解決制度の構築

石炭産業の事例

ここからの三つの章は、紛争制度策定の枠組の基礎となった石炭産業での経験である。第5章は、一九七〇年代に石炭産業を悩ませていた山猫ストライキの診断プロセスである。第6章は、争議が泥沼化していたクリーク炭鉱への介入を論じる。そこでわれわれは初めて制度策定者として活動し、紛争を診断し、低コストの制度を策定し、合意した改革の実行を支援した。第7章は、利益中心手続の策定と実行による石炭産業や他の産業での不服調停の努力の軌跡である。

各章を読む際には、作業の進行過程が、学習過程そのものだという事実を忘れないでいただきたい。そのことで、(われわれがそうだったように)予見よりも後の経験から得た知識の方がはるかに優れていることを、多数の具体例から気づいていただけると思う。ここで述べる事例には、われわれを賢く見せるような装飾はしていない。私たちがミスから学んだように、自分たちの犯したミスをそのまま提示する方が有効だと思うからである。だから、読みながら次の問いを反復していただきたい。

なぜそうしたのか?

どんな成果を出そうとしたのか?

その結果を出すのに、もっと良い方法はなかったのか?

第5章 産業問題の診断

——ある炭鉱の山猫ストライキ

一九七三年一一月、レッド・アロー炭鉱は、山猫ストによって操業停止に陥った。過去六か月間で六度目のことだった。[1]このストライキの理由は不明だったが、鉱夫たちは作業後にシャワーを使う浴室のお湯が出ないことにずっと文句を言っていた。ストに対する炭鉱管理者の反応は早かった。ストを煽動したと目される鉱夫を解雇し、浴室への給湯についての話し合いは、ストが終わるまで延期する、と組合に通告した。鉱夫たちは、解雇された鉱夫の復職が認められるまでは作業に戻らないと決めた。本社に圧力をかけるため、彼らはピケ隊を他の系列炭鉱に送り、これも閉鎖した。[2]本社が連邦判事を説得して鉱夫に作業に戻る命令を出させるまで、ストと操業阻止行動は三日間続いた。[3]鉱夫たちは不満ながら従った。六か月後、裁定人が復職を求めていた鉱夫の申し立てを却下した。鉱夫たちはこれに抗議して、またストに入った。

このレッド・アローは仮名の炭鉱だが、こうした一連の事件、不服申し立て、交渉の失敗、ストライキ、解雇、操業阻止、仕事に戻れという裁判所命令、鉱夫に非があるとする裁定人の決定、ストの再発という繰り返しは、一九七〇年代の初めから中頃にかけ、炭鉱業界全体で幾度も起こっていた。一九七一年から七四年までは、年平均一五〇〇ものストが発生し、一九七五年から七七年には、年平均三〇〇〇と倍増した。[4] 誰にも手のつけようがなかった。事実、裁定まで準備した不服処理手続があるのに、鉱夫がなぜストライキに訴えるのか、その理由を理解している者はいなかった。この章は、山猫ストについての独自の調査を解説する。この調査は、後述するように、われわれが紛争解決制度の策定者となる第一歩だった。山猫スト研究による発見は、後にクリーク炭鉱で行なった多くの提案の基礎となり、石炭産業の不服処理手続に調停を導入する基礎となった。

しかし、この作業に取りかかったときは、制度策定者として働いているという意識はなかった。われわれの目的は研究であり、原因を究明するための調査が狙いであって、可能な解決策を検討することではなかった。目指したのは、それまでの仕事を進めることだった。つまり、実証研究を行ない、提案をし、発見事実を実務家のために解説することだった。[5] 石炭産業の労使関係慣行を改革する運動に、調査結果を使うつもりはなかったのである。

参加　資金とアクセスを得るための交渉

一九七六年春、われわれはデータ収集やワシントンD.C.への連続出張のための予算を獲得するという課題から取り組んだ。まず全米炭鉱労働組合（UMWA）のトップ、アーノルド・ミラーと軟炭経営者協会（BCOA：組合と団体交渉を行なう経営者団体）の代表ジョセフ・ブレナンに会った。[6] ブレナンには、協会にある石炭産業の山猫スト関連資料と、研究資金を申請する際に調査を支援する旨の一筆を求めた。彼はこの要請を承諾してくれた。ミラーとの会談も順調だった。ただ、会社対策の戦術の一つである山猫ストをこの調査が妨害すると誤解されないかという懸念があったので、この点について直接踏み込むことにした。調査は山猫ストを引き起こす諸条件を明らかにしようとするもので、そうした要因を取り除ければ、ストに訴える必要性が減るはずだ、と伝えた。ミラーはこの説明に納得し、調査予算の獲得と、地元の組合幹部への参加要請のときに必要になる手紙を書いてくれた。

各種財団との調査資金の獲得交渉は、全滅だった。一九七〇年代初めのエネルギー危機にも関わらず、政府のエネルギー政策で石炭需要が順調だったため、政策実施に関わっているどの機関も問題意識は薄く、山猫ストに関するわれわれの調査に予算をつけようとしなかった。だがようやく全米科学財団が資金援助を決めてくれた。

診断

対立をとりまく環境

外国でも鉱夫はストを好む傾向があり、[7] UMWAも山猫ストを長年の伝統にしていることは知っていた。それでもこの頃のストライキの大波の原因は謎だった。何より鉱夫の契約には、ストへの衝動を抑えることを狙い、最終的には拘束力のある裁定が判断を下すと定められていたのである。

一九七〇年代中頃の高いスト発生率の原因の一つが、UMWAの支配をめぐる一連の抗争という苦い歴史にあるのは間違いなかった。一九七二年にアーノルド・ミラーが組合代表に選出されたとき、紛争はピークに達した。UMWAはミラーのもとで分権化と民主化の運動を推進したが、ここに組合内部で続いていた政治的対立が重なり、組合の指導力を弱めることになった。この頃、組合内部には、現場の従業員が主導する山猫ストを抑える力はほとんどなかったのだ。双方がストライキを相手のせいにした。経営者側は組合が組合員への規律を強化すべきだと主張し、組合役員と鉱夫は過失は経営者側にあり、契約違反の慣行が続いていると非難した。課題はそうした慣習を一掃することだった。

鉱夫がストに訴えるもう一つの理由は、裁定手続が負担過剰で、自分たちの契約上の権利を守る効力がないとの思いにあるようだった。一九七二年の調査では、ストの原因は不服裁定制度の大幅な遅延が常態化しているためだとしていた[8]。しかし、この説明は単純すぎるようにみえた。確かに負担過剰で制度は時間がかかっていたが、山猫スト問題のない他の産業で手軽に用いられている制度に比べると、遅くはなかったのである。

ストライキ頻度の地域差を確認する

山猫スト問題を解明する第一の鍵は、炭鉱間でストの頻度に違いがあるかどうかを確認することだった[9]。地域差がある場合は、その原因を究明するつもりだった（技術的に言えば、われわれの調査は、因果関係ではなく相関関係を検討するものだった）。ストに関わる要因が確定できれば、少なくともその中のいくつかは改善できるとわれわれは期待していた。そこで、ウエスト・ヴァージニア、ヴァージニア、ケンタッキー、テネシー、オハイオ、インディアナ、イリノイ、ペンシルヴァニア各州の二九三の地下炭鉱での、一九七五年と七六年のスト頻度についてのデータ収集から始めた[10]。そして本社間、地区組合間、同一会社の系列炭鉱間で、スト頻度に統計的に有意な差がないか調べた。分析を進めるうち、違いが現れてきた。

たとえば、ある会社の系列炭鉱で一九七五年に発生したストライキ数は、一一炭鉱でゼロだったのに対し、二炭鉱で各一一回、一炭鉱で一六回だった。

ストライキ発生頻度の高い炭鉱と低い炭鉱　衝突をとりまく環境

次に、スト頻度の高い炭鉱と低い炭鉱の環境を調べた。ある理論では、ストライキは生活水準や労働条件に不満をもっている鉱夫のフラストレーションを反映して起こる、とされていたが、結果はそれとは関係なかった。ストの多い炭鉱は、アパラチア山脈周縁の生活水準が低い地域に集中しているわけではなかった。炭鉱の生産性が特に高いとか、安全基準が低いなどとも関係はみられなかったし、[11] 地下の作業環境（換気が悪い、湿度が高い、天井が低いなど）によって違うということもなかった。

採炭現場での紛争解決

次の段階では、本社は異なるが同じ地区で操業している四つの炭鉱を選び、[12] 二つの会社から、ストの多い炭鉱一つと少ない炭鉱を一つを選んだ。われわれは、各炭鉱で炭鉱責任者、本社の人事担当者か労務担当者、組合支部の全役員、そして無作為に抽出した約三〇名の鉱夫と面接した。[13] この狙いは、ストの多い炭鉱と少い炭鉱で、紛争解決に使われる手続が違うかどうか、各手続を使う際の動機づけ、スキル、資源に違いがあるかどうか、を調べることにあった。

「石炭産業における紛争解決制度」

軟炭業界の労使契約には四段階の不服処理手続（四つの手続を規定した紛争解決制度）が準備されていた。第一段階は、不服のある鉱夫が直属の職長に自分の要求を示し、職長が二四時間以内に回答する。鉱夫が職長の回答に満足しなければ、第二段階に行き、炭鉱委員会に自分の申立を炭鉱責任者と話し合うよう依頼する。本人と職長は通常この会議に出席する。この会議は、五業務日以内に職長が決めて開催しなければならない。炭鉱委員会と管理者側が合意できない場合は、中立は第三段階、地区レベルの組合代表（鉱夫は組合支部に所属し、地理的に同じエリアにある支部のグループが地区組合を形成する）と雇用者の代表（多くの場合、採炭現場を拠点としていない人物）による話し合いになる。この会談は、要請が出されてから七業務日以内に実施されなければならない。ここでも合意できなければ、組合は問題を第四段階の裁定に回す。ここで中立は、強制力のある最終決定を行なう第三者により審理される。

このように標準化された手続があるにも関わらず、ストの多い炭鉱と少ない炭鉱とでは、紛争が違った形で処理されていることがわかった。相違点は、最終的な解決が現れる段階、交渉のためにとられる方法、スト予防に対する意識、「ループバック」手続の利用可能性にあった。

「できるだけ現場レベルで解決する」

解決手続の第一段階では、鉱夫が自分の不満をまず直属の職長に申し立てなければならない。ストの少ない炭鉱の鉱夫によれば、職長がこの段階で不満の多くを解決していた。ストの多い炭鉱では、そうではなかった。

「紛争解決に対する利益型アプローチ」

解決手続の第二段階は、組合の炭鉱委員会と炭鉱責任者との間の交渉だが、ストの多い炭鉱ではしばしば形式的なものになっていた。ストの多い炭鉱の炭鉱長は自分の方式を次のように述べた「不服の八割から九割は契約上の根拠がないものだったから、炭鉱委員会には書類にして第三段階に回すようにいっていた」。炭鉱委員もこれを認めていて次のように語った「とにかく連中はいつもいうんだ『そうか、じゃあこれは裁定に回すことにしよう』と」。ストの多い炭鉱では、現場の管理職が利害関係を直接処理しようとしないため、利益志向の中立が変形し、権利型の不服要求になっていた。内容がＵＭＷＡ＝ＢＣＯＡ協定に基づく権利でなければ、管理者側は中立を検討しようとしなかった。ストの少ない炭鉱の管理職は全く違ったアプローチをとっていた。作業靴事件（第1章）は、ストの少ない炭鉱の炭鉱長が話してくれたものだ。鉱夫には新しい作業靴を要求できる権利は、契約の上ではなかったが、炭鉱長は会社の利益に合致するならと、それまでも鉱夫たちに作業靴を買ってやっており、この時にもそうしただろうというのだった。炭鉱長はこの話で、紛争の解決に対する担当職長のかたくなな権利型の態度が、山猫ストに影響する要因になることを示唆したのである。

「紛争予防」

ストの少ない炭鉱の炭鉱長は、紛争予防のために多彩なテクニックを用いていた。彼らは、管理者側が鉱夫に影響する措置を提案する場合には、これを炭鉱のコミュニケーション委員会の定期会合で通知し、協議するようにしていた。対照的にストの多い炭鉱では、炭鉱長と委員会の会合は不定期で、形ばかりのものだった。ストの少ない炭鉱の炭鉱長は、地下の採炭現場でもかなりの時間を過ごしていた。これで鉱夫たちが炭鉱長に会いやすいだけでなく、自分からも鉱夫と不満について話し合おうとしていた。ストの多い炭鉱では、上級管理職が地下に降りようとすることはほとんどなかった。

「ループバック手続」

ストの少ない炭鉱のもう一つの特徴は、交渉を促すために、公式の不服処理手続に加え、非公式の手続を実行していたことである。ストの少ない炭鉱では、中立が第二段階の会議に回される前に、炭鉱責任者が人事担当者にすべて調査させていた。この管理者は人事担当が出した情報を活用し、組合の要求や現場監督による要求却下が合理的か否か、を判断する資料にしていた。彼によれば、第二段階の会議が「おまえはどっちを信用するのか」的な争いになるのを、この情報が防止していたのである。ストの少ない他の炭鉱には、第二段階で解決されない問題について、中立人、炭鉱委員会、炭鉱長かその上司（第二段階の会議を担当していない人物）で別の会議を開くという方式があった。

権利争い　鉱夫の裁定経験

ストの多い炭鉱では、問題を第三段階と裁定に回すことが多いのには、当然の理由があった。鉱夫が裁定手続を信頼していなかったのだ。彼らは口々にプロセスの遅さと決定内容への不満を語った。ある鉱夫は裁定人への不信感を次のように話していた。「仲間の鉱夫たちが坑内車両がなかったことで苦情を申し立てたとき、裁定人は鉱夫側の要求を却下した。しかし、後でわかったのだが、この裁定人は『マントリップ（鉱夫を地下の採炭現場に輸送する乗り物）』が何であるかさえ知らなかったのだ。ほとんど裁定人は、炭鉱の内部を見たことさえなかった」。裁定人への不信をさらにつのらせたのは、裁定人の決定の約四割が、裁定内容検討理事会の再審査で逆転されたり修正されている事実だった。(14) しかも、問題は能力だけではなかった。どの炭鉱でも大多数の鉱夫が、負けたケースのかなりが、裁定人の不公平や不公正によるものだと思っていた。われわれが面接した鉱夫の三分の二は、裁定人は会社に買収されていると信じていた。

権力闘争　スト決行への動機づけ

ストライキの効用に関する鉱夫の認識はずいぶん違っていた。ストの多い炭鉱では鉱夫の二八%が、管理者側に問題を話し合わせるためにストが必要だと思っていたが、ストの少ない炭鉱でそう考えているのはわずか三%だった。ストの多い炭鉱では少ない炭鉱と違い、ストが紛争解決を有利にするのに役立つ、と思っていた。どちらの炭鉱でも鉱夫の大部分は、争点がストに値するものかどうかはあまり関係ないのだ、と語った。ストに参加するのは、組合の団結、つまり今日、仲間の組合員の管理職に対する闘争を助ければ、明日の自分の戦いを仲間が助けてくれる、という伝統のためであり、もし自分が参加しなければ、他の組合員から仕返しされる、という恐れのためでもあった。

われわれの予備知識に誤りがあることもわかってきた。管理者側がスト主導者を処分すれば、ストは抑制されるだろうと思っていたが、ストの多い炭鉱でも少ない炭鉱でも、鉱夫たちは懲戒処分を恐れていなかった。本社が武器とする最も厳しい処分は解雇だったが、それさえ恫喝効果は薄かった。多くの裁定人は、処分された鉱夫がストを主導したことを立証しなければ、ストを理由とする解雇を逆転させたし、会社側もその立証は難しかったので、われわれは組合による処分手続もストを抑制しないとみていた。ストの少ない炭鉱では、組合支部の指導力が強いとか、指導部が力づくでストを抑えているという可能性はあった。しかし、どの組合の代表者も、鉱夫がストに出ないよう説得の努力はしても、組合内部の処分規定を実際に適用しようとはしなかったのである[15]。ストの少ない炭鉱のある組合代表は、次のように説明した「鉱夫も地元の人間だし、私はただ代表というだけで、別に大した権力はない。ああしろ、こうしろとは言えない」。

紛争の代償

取引コストの正式な分析は行なっていないが、ストによって消耗する資源が莫大なのは間違いなかった。鉱夫にとっては、失われた賃金や付加給付がコストであり、会社にとっては一般経費や管理職に支払われ続ける給与がコストとなる。鉱夫にとっても会社にとっても、発電所などの安定した販売先との契約を失うことは長期的なコストとなり、特に組合に加入していない炭鉱の打撃は大きかった。

予想したように、ストの多い炭鉱の労使関係はひどかった。炭鉱委員は管理職が非協力的で、組合の正当な要求の話し合いさえ拒絶すると言い、管理者側は炭鉱委員会が非協力的で、権力を乱用していると言っていた。ストの少ない炭鉱ではこうした報告はあまりなかった。関係者のこうした態度は、それまでの折衝方式とストによるものだった。否定的な態度が必ずしもストの直接の原因ではないのだろうが、交渉に対する認識と期待にはかなり影響していた。ストの多い炭鉱では、組合幹部と管理職は敵対的折衝を想定し、それに合う戦略を立てていた。時がたつにつれて、争点に関する当事者の予測が独り歩きを始め、関係の質を改善しようとする際の障壁になっていた。

診断による所見

われわれの最も重要な発見は、UMWA契約の下でも、山猫ストの発生を抑制した炭鉱運営が可能だということだった。しかし、それを実現するためには、現場の組合役員と管理職に相当なスキルと努力を要することもわかっていた。第二段階の交渉で解決するように、両者共に努力する必要があった。第二段階が形式的になると、鉱夫たちは紛争の解決過程で発言できなくなり、結果に満足しない可能性が高くなる。第二段階の交渉では、両者ともに権利だけに集中することを避け、利益中心の解決案を協力して捜そうという態度が必要になる。

どこの鉱夫も、裁定に頼らずに問題を解決したがっていた。特にストの多い炭鉱では、鉱夫は裁定手続を信頼していなかったのに、多くの中立が裁定に回されていた。裁定では、彼らは受け身の傍観者の立場に置かれ、代表者が協約上の事項を論争するのをただ見ているしかなかった。対照的に、ストライキはうっぷん晴らしと復讐のチャンスだった。しかも時にはストによって、なかなか話し合おうとしない管理職を交渉の場に引き出すことができた。そうなれば鉱夫たちにも何らかの発言の機会が生まれ、満足な結果がもたらされる場合もあった。これはいずれも、第二段階と裁定では無視されていたものだった。

策定　改革への推奨案

次の問題は、ストの多い炭鉱をいかにしてストの少ない炭鉱に転換させるかである。われわれは多くの提案を行なった。ただこの時はまだ、そうしたアイディアを、後にクリーク炭鉱で実現させる機会が来るとは思いもしなかった。だが、このような提案を行なう段階では、われわれは、データを収集・分析し、他の人たちの判断に資するように結果を発表するという、純粋な社会科学者としての役割は脱ぎ捨てていた。自分がデータの意義の解釈をしてもしなくても、他の人たちがするのは明らかだった。であれば、調査内容とデータを一番理解している人間が提案まで行なうべきだ、という結論になったのだった。ただそれでも、自分たちが制度策定者だという意識はまだなかった。だから改革への提案を関係者が受け入れるように説得するまではいかなかったし、改革案が受け入れられても、それを実行していく役割をこちらが担うような提案も行なわなかった。

炭鉱現場での紛争解決

まずわれわれは組織開発の文献を調べ、コンフリクトの厳しい状況を、問題解決型で処理する状況に変換する諸々のアプローチを検討した。あるアプローチは人間関係の修復を提唱し、第三者を活用して当事者自身に問題点を見据えさせ、直接解決させようとしていた。[16] このアプローチでは、少なくとも、当事者がお互いに対処していく新しい方法を確立するまでは、各炭鉱の現場に第三者的な後押し役が必要になるので、大がかりに実行するのは現実的ではないと思った。われわれは、当事者が彼ら自身で実行できるような改革を推薦したかったのである。

もう一つのアプローチはグループ間トレーニングと呼ばれるもので、やはり第三者に頼ってコンフリクトを減らそうというものだった。これはワークショップ型の訓練を通じて認識を改めさせ、態度を変容しようとするものである。[17] われわれはこのアプローチには懐疑的だった。研修会方式のトレーニングで変えた態度は、職場には移転できない、ということを示す文献がたくさんあるからである。[18] それに、炭鉱の管理職と組合役員には新しい態度だけでなく、全く新しい行動能力、つまり新しい手続、それを実行する新しいスキル、それを活用する動機づけと資源が必要だ、とわれわれは考えていた。だが態度は適切でも、激しく敵対的な紛争に直面している当事者が、問題解決型で利益中心の交渉方式も理解している、と考えるのは楽観的過ぎた。われわれは、鉱夫と管理職が問題解決的なアプローチを習得できれば、態度は後から変わってくるはずだと確信していた。[19] 問題は、どうやってそのようなアプローチを身につけさせられるか、である。

「管理職の課題」

スタートの第一歩は、紛争を第三段階や裁定に回さず、管理職に現場で処理させることだった。紛争が当事者の手で直接処理できれば、利益型で解決する可能性が高まると考えられた。この目標を実現するために二つの提案を行なった。第一は動機づけだった。本社には、ストの記録を管理職の業績考課の重要項目に入れるよう提言した。労務対応の記録が評価対象になるとなれば、管理職が労務事項にもっと時間をかけ、努力するための動機づけになると考えたのだ。彼らがすべての紛争を解決できなくても、利益中心の交渉や権利中心の交渉にもっと取り組むようにはなるだろう。次は職長の不服処理関係の権限を強化することだった。そうした権限を使う気になるように、彼らの不服処理記録も業績考課の対象とするよう提案した。

第二の推薦案では、労務職能と採炭業務職能の分離を狙った。調査した炭鉱は、炭鉱長が労務関係の責任も業務関係の責任も担っていた。この二つの職能を分離することで、労務関係への意識が明確になると考えたのである。労務関係を担当する人の仕事は必然的に、炭鉱の労使関係の質によって評価されることになる。このための人材は、炭鉱業務の専門知識よりも、人間関係能力や交渉スキルを基準に選抜できる。

だが振り返ると、こうした提案はいずれも業界の経営慣行に十分配慮したものとは言えなかった。第一の提案は業績考課制度の変更を意味していたが、実際に制度を変えた炭鉱はなかった。しかも、自分にはどうしようもないと考えているストライキの責任をとらされることや、労務関係の監督権を手放すことに、管理職の多くが抵抗しそうなのを予測していなかった。われわれのミスは、こうした推奨案の作成に当事者を巻き込まなかったことである。彼らの参画があれば、提案の弱点を指摘してくれただろうし、内容を改良するための助言を与えてくれただろう。しかし、当時はこちらも提案した改革を実行するところまで責任がある制度策定者との自覚はなかった。あくまで学者が実務家に課題を提起するところまでで、推奨案の作成に当事者を関与させることまでは考えが及ばなかったのだ。

「組合の課題」

最もドラスティックな提案は、UMWA憲章を修正し、ストライキが無記名投票によって過半数の鉱夫から承認を得るまでは、ストを起こしてはならない、承認されていないストに加担した鉱夫には、組合からの除名も含む懲罰が与えられる、という条項を加えることだった。当時のUMWA憲章には、このような条項はなかった。[20] 鉱夫たちがストに出るのは主に仲間を支援するためで、ストに値するほどの争点のある件はほとんどないと自覚していることにこちらは気づいていたので、多数決規定を加えることでストの数は減る、と考えた。また組合が多数決条項を採用し実行すれば、石炭会社は多数決で承認されたストに対して処罰規定を適用しないこと、あるいは損害賠償を要求しないこと、に同意するだろうと考えたのである。この構想は二つとも、後に一部修正の上、クリーク炭鉱に導入され、ストの発生原因の根本から改善しようとする作業の中心になった。

裁定

裁定に対する鉱夫の信頼を挽回するのも重要だったが、具体的にどうするかとなると良い考えが浮かばなかった。鉱夫たちは決定があまりにも遅いと不満を言っていたが、実際の手続は、他の産業の裁定より速かった。このとき、裁定に対する鉱夫の信頼を回復できなければ、裁定に回される申立の数を減らすことで、この手続への依存度を縮小すればよい、ということに気がついた。組合役員は一般鉱夫から選ばれていたので、不服を申し立てた鉱夫には最後のチャンスとなる発言機会をなくすのに抵抗があった。ミラーが代表に就任する一九七二年以前のように、彼らが役員に任命されていれば、勝ち目の薄い案件も裁定に回そうとする組合代表への政治的圧力は弱まっていただろう。しかし、地区代表の選出は、ミラー執行部の主な再構築政策の一つであり、前の制度に戻る可能性はなかった。数年後に不服調停が確立するまでは、裁定に回される中立の数を減らすための良い方法は思いつかなかった。

結論

われわれの山猫スト研究は各方面に広く配布された。ＢＣＯＡとＵＭＷＡの代表、ＵＭＷＡの各地区代表、データを提供してくれた会社のすべての労務担当部長、そして現地調査を行なった四つの炭鉱の現地管理職と組合役員にも報告書を送った。

反応はまあまあだった。われわれは、石炭産業に関する大統領諮問委員会で、山猫ストについて証言した[21]。だが、クリーク炭鉱での仕事の前までは、われわれを招請し、炭鉱委員会や炭鉱責任者との仕事を依頼した会社や組合支部はなかったのだ。山猫ストの原因に関するわれわれの所見が診断のモデルとなり、山猫スト研究で述べた提案の多くが現場で補正され、実行されるようになっていた。つまり、山猫スト研究は、まだ荒削りではあったが、制度策定者としてのわれわれの最初の仕事になったのだ。

制度策定では、この山猫スト研究ほど広範な診断作業を行なう機会がないことも多いだろう。疲弊した紛争解決制度にある当事者は、自分以外の関係を調べるメリットを感じられないかもしれないし、そうした診断の結果や診断が役に立つまで待とうとはしないかもしれない。だが、診断の焦点は、問題点の中身と深さに関連しているはずだ。性急で表面的な診断に基づく提案が失敗しやすいことを紛争当事者にしっかり伝えるため、策定者はできるだけの努力を払うべきである。

第6章 低コストの解決制度の策定

——多発ストライキに悩む炭鉱への介入

一九八〇年三月ケンタッキー東部、クリーク炭鉱の労使紛争は異常事態に陥っていた。過去二年間、二七回の山猫ストが強行され、経営者側は労働者の解雇、組合への協約違反告訴で対抗した。この間、一一五人の鉱夫が一晩の留置場送りにされていたが、こんな対策にはストを抑える力がないだけでなく、爆弾予告の脅迫、破壊行為、横領など大きな反動を招いていた。鉱夫たちは作業に来るときには車に銃を備えるようになった。ここはおそらく、当時の石炭産業で最も激しい争議で荒れた炭鉱だったといえる。

本社の役員陣には打つ手がなくなっていた。炭鉱の閉鎖も真剣に検討されていた。三月、第一段階として警告的に労働者の三分の一のレイオフが発表された。この痛手に組合幹部も非常に深刻になっていった。と同時に、もし鉱夫たちが再び留置場送りになるような騒ぎになれば、全国の炭鉱夫の同情が集まり、石炭業界全体に波及するストライキになるのではという懸念もあった。だが、組合幹部にも現場への影響力はほとんどなかったのだ。労使双方の上級役員のほとんどが、この泥沼状態に絶望的になっていた。

われわれはそんな風土のところに招かれ、山猫スト問題で組合と会社へのコンサルティングを行なうことになった。このコンサルティングは六か月に及んだ。その間、状況を診断し、労使と共同で改革プログラムを策定し、プログラムの実施へと積極的に参加した。われわれの狙いは、紛争解決のパターンを変え、双方の満足度の高まる、より低いコストでの紛争解決を実現することだった。これは、紛争解決制度の策定者の仕事になった。

始動

一九八〇年二月末、ゴールドバーグはクリーク炭鉱所在地の組合のトップと、炭鉱を経営する石炭会社の労務部長から電話を受けた。彼らは争議の経緯を説明した後、この炭鉱の閉鎖を非常に心配していることを話し、現地でのコンサルティングをゴールドバーグに依頼した。一週間後、ゴールドバーグは承諾し、同時にブレットとユーリのプロジェクトへの参加を提案し、労使双方から承認を得た。費用は会社と組合が折半することになった。

労使は最後の手段として、第三者のわれわれを抜擢したのだ。組合も会社も「膠着状態のまま首を絞め合う」事態から抜け出せずにいた。どちらにも勝ち目はなく、状況が悪化の一途をたどることだけが確かだった。双方にとっての至上命題は、炭鉱の灯を消さないことだった。そこに中立の部外者として、ゴールドバーグに白羽の矢が立ったのだ。ゴールドバーグの名は、実務界での裁定実績と、ブレットと行なった山猫スト研究によってよく知られていた。その豊かな知識と中立的立場から、有効な解決がもたらされると期待されていた。

この争議に関わるにつれ、外部からのサポートに対する関係者の動機が、多様で複雑なことがわかってきた。特に組合支部と現場の管理職は（まさに紛争当事者なのだが）外部からの補助が必要だとは考えていなかった。だから、各々の上層部がわれわれを彼らに押しつけた格好になっていた。上層部では争議のダメージを深刻に思いつつも、自分たちではそれ以上強く介入することはできないと考えていた。地区組合の役員たちは、鉱夫にストライキをしないよう熱心な説得を試みていたが、ほとんど効果がなかった。役員たちも選挙で選ばれているので、強い圧力はかけられなかったのだ。だから彼らは、人気のない改革とその実行を部外者のわれわれに代行させて、事態が収まるのを期待していた。会社のトップも限界を感じていた。彼らはストを止める能力のないことにいらだちを感じてはいたが、炭鉱の勤労意欲がさらに低下するのを恐れ、それ以上の直接的な措置をとるのをためらっていた。しかも、経営陣は分裂していた。業務部長のセクストンは、一部の管理職を折衝手腕の長けた人材に代えることを主張していた。労務担当部長のウィリアムスは強硬策を強く主張していた[1]。セクストンは、口には出さないが、われわれのコンサルティングと提案が彼の意向に則したものになり、それで社内の論争に勝つのを期待していた。

連邦裁判所も双方の鍵だった。会社側は組合のストは労使協約に違反するものだ、として訴訟を起こしていた。本社の役員も地区組合の幹部も、自分たちの関与が裁判で何か不利になるのでは、と不安がっていた。非はあくまでも相手にある、と第三者が指摘してくれるのをそれぞれに期待していた。つまり、われわれを引き込む理由はたくさんあったのだが、実は、こちらの介入で山猫ストに荒廃した状況が、本当に修復できると楽観している人間は一人もいなかった。

解決制度策定者への教訓。なぜ自分がその状況に導入されたのか、そして誰が導入に中心的な役割を果たしたのかを見極めよ。紛争処理方式の変更は、関係者の頭の中にある唯一の目的とは限らないだけでなく、中心目標でさえないかもしれないのだ。進め方の対立はもとより、別の構想を隠しているかもしれない。しかも、変革の努力が最終的に成功するかどうかの鍵となる人物が、第三者の導入を相談されていなかったり、導入に反対しながら却下されていることもあるのだ。よくあるのは、当事者が部外者に頼るのはそれが最後の手段で他にないからである。しかし、部外者の干渉は嫌がられるものだ。たとえその介入で高い紛争コストが確実に削減できる場合でも、特定の利益が脅かされる者もいる。連中にはそのマイナスが、紛争のコスト問題より重大なこともあるのだ。

既存の紛争解決制度を診断する

組合と経営側の幹部をほぼ全員、現場レベルと管理レベルで集中的な面接調査を行なうことから、われわれは予備診断に入った。続いてユーリが一〇〇人以上の鉱夫との面接、炭鉱操業以来の不服申し立て記録の調査、日勤と夜勤両方の炭鉱業務の八週間にわたる観察を行なった。

紛争の背景を理解する

われわれの診断は、この争議を労使がどう見ているか、を検討することから始まった。双方とも問題は相手側の攻撃的な行動にあると考えていた。自分側の敵対的行為は、あくまでも挑発への対応にすぎなかった。現場の経営幹部は、鉱内のある小グループが主たるトラブル・メーカーだと非難していた。このグループには組合支部長のラトリフも入っていた。組合役員側は坑内監督のキルゴアを責めていた。しかも、ラトリフとキルゴアの間には、ずいぶん前から職場外にも引きずる個人的な軋轢があった。

人間関係がねじれているのは明らかだったが、何が抗争の原因かはしばらくはっきりしなかった。これはケンタッキーの昔話にある、数世代にわたって憎しみ合った二つの家族のようだ。原因は風化しているのに対立だけが残る。原因が問題ではなく、相手がとる行動への報復と復讐が動機になって、抗争が続くのだ。経営側はストを理由に鉱夫を停職処分にし、鉱夫たちは停職処分に抗議してストを起こす。双方とも相手に「思い知らせて」やろうとしたのである。焦点は誰が自分たちに暴挙を働いたか、になっていった。鉱夫側から見れば「虐待され」、現場の経営陣から見れば「脅迫され」ていたのだ。しだいに、話し合いは無用で、相手に伝わる唯一のメッセージはパワーだ、とどちらも思い込むようになっていた。

紛争解決パターンの解明

この炭鉱の紛争解決パターンは、前の山猫スト研究でみた、ストライキ頻度の高い炭鉱のパターンと似ていた。鉱夫が問題にぶつかると、とりうる選択肢は二つだけだった。我慢するか、ストを起こすか、である。話し合い、という第三の選択は全く念頭になかった。ほとんどの鉱夫は、かつては守ろうとした不服解決手続への信頼を全く失っていた。手続は、打倒管理職、の手段になっていた。セクストンによれば、ギブ・アンド・テイクの発想はなく、「安全弁」や「衝撃吸収装置」も存在しなかった。彼の言葉で言えば、管理職は「ノーしか言わず、自分ではコミュニケーションをとっていると信じているが、全くなっていない連中。命令し、演説し、決まり文句しか言わない奴ら」だった。

鉱夫は他に選択肢がないからストに出るのであって、怒り狂ってストに突入するということは少なかった。同僚が決行するストへの同調を決める鉱夫の心境は、大ざっぱにいうと次のようになる。「もしストに加わらなければ、組合の団結の誓いを破ることになるし、ストに出る同僚を管理職の報復にさらすことになる。それに自分も他の鉱夫たちから殴られたり、なじられたり、所持品を傷つけられたりする危険がある。ストレスはたまるし、腹も立つ。放っておけば権利も奪われたままになる。とにかく会社の好きにさせるわけにはいかないのだ」。

不服処理手続について得られたデータからは、紛争解決パターンが、第1章の図2に示す逆ピラミッド型になっていることがわかった。一九七八年三月から一九七九年七月までの一六か月間に、鉱夫たちは四五の不服を第二段階に上げた(2)。そのうち一四が第二段階で、一六が第三段階で解決され、一五が裁定になり、一八がストライキになった。つまり、最小コストの手続が使われたのが最も少なく、最大コストの手続が最も多用されるという、紛争解決パターンとしては最悪の状態になっていたのである。

このパターンは、炭鉱の操業開始後の不服申し立て第一号から現れた。管理者側は移動装置の操縦員の空きがあることを通知していた。このポストは、地下で作業している鉱夫からの希望が多い地上業務だった。彼らはこの職を得るのは容易だと思っていた。が、管理者側の要求する厳しい技術資格要件を誰も満たせなかった。そこでこれは管理者側が自分たちを不当に隔離し、この仕事を新米にやるためキープしているのだ、と考えた(3)。組合はこれを問題だとして申し立てた。管理者側は、契約では職務要件を定義する権利は会社にあると回答した。この後、この件は裁定に回された。

裁定人は、申立を却下し、管理者側は満足の笑みを浮かべた。そう、彼らは組合との最初の闘争に勝利したのである。一方、組合は「奴らの」炭鉱の運営方法を教えようとしなくなった。鉱夫たちも苦々しく思っていた。管理者側が配置換えの手続を勝手に操作し、自分たちの正当な要求を検討もせずに仕事を割り振っている。鉱夫の目にはそう見えていた。かくして、会社に対する鉱夫たちの誠意には初めから大きな穴が開けられていたのだ。

この件と後に続く闘争は大きな損失をもたらした。その取引コストには、裁定の経費と時間、ストによって鉱夫が失った賃金、会社が失った生産、レイオフによる失業が含まれる。両者共に紛争の結果への不満を語り、労使関係は冷え切り、事実、炭鉱閉鎖の脅威まで現れ、関係崩落の直前だった。しかも紛争は幾度も再発していた。裁定もストも、持続的な解決をもたらすことはほとんどなかった。問題の根は残り、憤りや恨みも解消されず、さらに大きな不満や山猫ストの原因になった。

クリーク炭鉱は制度上の典型的な悪循環に陥っていた。問題解決型交渉のような利益中心の手続はなく、使われていたのは、裁定のような権利型の手続か、ストライキのような権力に頼る手続だった。

鍵になるモティベーション

紛争制度をもっと詳しく診断するため、われわれは鉱夫たちに、なぜそう頻繁にストに出るのか尋ねた。主因の一つは、鉱夫が期待する公正な処遇を、会社が頻繁に裏切ることだった。不当に扱われたという意識は、移動装置の操縦員のポストのときだけでなく、その後も何度も繰り返し生じていた。

管理者側が無視した公正への期待には「暗黙の契約《インフォーマル》」と呼ばれるものがあった。(4) 正式な書類上の契約は、鉱夫と会社の間の実際の関係を統治する規範的なルールの一部にすぎなかった。残りは鉱夫と管理者の頭の中にある、書類にはなっていない諸々の期待だった。鉱夫は公正な処遇、理にかなった職務機会、個人の欲求を考慮した柔軟な職務規程、を期待していた。管理者側は、公正な日当に見合った公正な仕事を期待していた。

クリーク炭鉱では、管理者側はこの暗黙の契約に基づく要求（「不満癖」と呼んでいた）の検討はだいたい拒否していた。不服処理手続も他のいかなる手続も、この種のクレームは扱わなかった。しかも不服処理手続は処理過程での発言権を奪い、把握意識を薄れさせる傾向があった。つまり、申し立てた問題を本人の手から奪い、炭鉱委員会や組合代表、最終的には（ほとんどの鉱夫がえこひいきを疑っている）裁定人に渡されてしまうのだった。この手続は何時間にも及ぶ会議をはじめ、ふつうは数か月という長い時間を要した。最も大きな問題は、この手続が鉱夫の申立を、当初の要求とは似つかぬ不平に変形させることだった。申立人は、他人が自分の要求を討議するのをただ眺めているしかなかった。しかも討議中は、鉱夫には理解できない法律用語が多用された。この点は、ウエスト・ヴァージニアの炭鉱管理者が、ストライキ病に陥っていた前任の炭鉱を語った、次の表現に集約されるだろう。

第三段階に進めるとなれば、ウチの敷地に一団のヨソ者が現れるのがわかった。もちろん全くのヨソ者ではなく、地区組合の代表や会社のウエの労務担当者たちだが、……こうしたウエの連中は多かれ少なかれ手続に責任がある。だからコトをちょっとずつ歪曲し始めるんだ。

連中は自分の存在を正当化しなければならないから、やたらにコトを追加しなければ、と思い込む。結局、問題は手の届かないところに行ってしまう。

本当の悲劇は、問題が裁定に行かざるをえなくなったときだ。裁定になれば、あらゆることが全体から完全に切り離される。そうなると誰にも勝ち目はなくなる。裁定人の奴、それが最初は何の問題だったかなど気にもならないのだ。(5)

つまり、他の利害関係を抱える人が場面に参入し、問題の枠組を変えてしまうため、本来の紛争当事者が抱えている利害から目がはなれ、当事者の満足を考えた紛争解決が難しくなるということだ。

クリーク炭鉱のストライキのほとんどが、暗黙契約がらみだった。直接の場合は、管理者側がこの契約をあからさまに破ったことへの報復として、間接の場合は、感覚的な契約違反に対する不満を、管理者側が押さえ込もうとすることへの報復だった。ある鉱夫が地上の仕事を得られなかったとき、他の鉱夫がストに加わる理由には、団結心の他にもう一つあった。それは、管理者側が公正な処遇を約束したはずの非公式契約を破ったことで、鉱夫自身の期待が裏切られるのと、不当に扱われた仲間の組合員も危機にさらされると感じたからだ。

ストライキは明確な機能を果たしていた。ストは鉱夫たちに、不服申し立ての結果に対する把握意識とプロセスでの発言力を与える。不満のある鉱夫は直ちにアクションをとれるし、そのプロセスで主導的な役割も果たせる。ストで当初の要求を満たすような勝利を得られないことがしばしばあっても、鉱夫の感情のはけ口になり、以後、管理者側が権利を侵害しそうな時のための警告の機会になる。

従って、クレームのある鉱夫には、不服申し立てという権利手続かスト決行という権力手続かの選択肢があった。不服申し立て手続では暗黙の契約に訴えることができない。が、ストならできる。不服申し立て手続は、鉱夫から発言権と統制感を奪う。が、ストは両方を維持できる。第三の選択肢であるはずの利益型の交渉は埋もれたまま、クリーク炭鉱に山猫ストの嵐が吹き荒れることは懸念さえされなかった。

効果的な制度を策定する

対立をまとめようとするな。制度を変えよ！

当事者が自分で問題を診断すると、人が焦点になった。炭鉱責任者のサッカーは、問題児を特定して解雇したかった。組合支部は、職長頭のキルゴアを排除したかった。本社の労務部長セクストンでさえ、キルゴアの配転か辞めさせることをにおわせていた。われわれも、個人の解雇を提案するかどうかから始めることもできた。ただし、構造的なコンフリクトに対する一般的な反応こそ、問題を個人の資質のせいにして人を代えようとすることなのだ。[6] だが状況もインセンティブも同じであれば、配置換えをしても対立はそのまま続くかもしれない。だから、われわれは別のアプローチを模索することにした。

制度策定の機は熟しているようだった。労使関係はまさに危機的で、事実、崩壊寸前だった。ストと懲戒処分、この紛争対処プロセスは、紛争の中身より厄介なことになっていた。労使間の根本的な構造摩擦の解決が難しいことはわかっていたが、紛争を処理するもっと良い方法を見つける補助はできると考えていた。われわれは第一に、権力闘争、すなわちストライキが果たしている諸機能を明確にする、第二に、こうした機能を当事者がより小さなコストで充足できる手段を策定する、という目標を立てた。つまり、対立の解決より、制度改革に集中しようとしたのである。

われわれは関係者の思惑に振り回されないこと、そして対立の「原因となっている」人々を排除しないことを決心した。代わりに、「話し合い」という選択肢を再建することに集中した。この話し合いが紛争解決手続から抜け落ちていたのだ。山猫スト研究の用語を使えば、チャレンジは「問題解決型の関係を構築すること」であり、利益型交渉を中心に紛争を解決しようとする関係づくりだった。手続が新しいだけでは十分ではない。変革には、当事者のモティベーション、スキル、資源への着目も必要なのだ。

処方箋　問題解決型交渉

われわれ独自の構想の一つは、不服処理手続を迅速で低コストのプロセスにすることだった。こちらの考える効率的な不服処理は、山猫ストを引き起こす不満の原因を解決できるものでなければならなかった。だがさらに調査を進めると、問題がずっと複雑なことがわかってきた。既存の手続は、暗黙契約への違反に対する訴えには対応しておらず、鉱夫からは手続に対する統制感を奪っていた。手続を効率的にするとは、単にこの不足を補うことではなかった。われわれは、モティベーションが手続と同じくらい重要だと考えた。策定者は、当事者がなぜ高コストの処理手続を使っているのか、を慎重に分析しなければならない。契約型の不服処理手続で能率だけを上げようとしても、当事者からは高コスト手続の安物版くらいにしか見られない。

より良い代替策のために関係者のモティベーションを考慮するのは、山猫スト研究の教訓であり、紛争への問題解決的なアプローチである。クリーク炭鉱のクレームは対決型で処理されていた。重点はほぼ例外なく、契約上の権利に置かれていた。結果は一方が勝者、他方が敗者となる形だった。対照的に、問題解決型交渉は協調を重視し、主に利益に集中し、互いに説得し合い、譲歩し合うことに努力を傾け、双方の満足度を高める結果を追求するものだ。

問題解決型交渉には多くのはっきりした利点がある。これは公式契約をめぐる争いだけでなく、暗黙の契約から生じる問題にも対処できる。各契約への違反に対するクレームの背景にある利害に注目できるし、プロセスも鉱夫が理解できる職場の用語で進められる。それによって暗黙契約を個別紛争だけのものではなく、全体的なものとして明確にできる。また、組織の現場の近くで進められ、遅れを出さぬように、申し立て本人が主体的に参加できる。つまり、問題解決型交渉は、山猫ストの三つの主要な機能を果たせるのだ。つまり暗黙契約に対応し、本人に結果への統制感を残し、処理プロセスでの発言権を与えるのである。

紛争解決手続の再設計

われわれは、問題解決型の活用を促す道を探し始めた。議論を進め、関係者と話し合うことから、次のような改革案が出てきた。

「協議《コンサルテーション》と交渉」

早い時期にコミュニケーションを図り、協議することで、互いに相手の利益を省み、不必要な紛争を予防できるはずだ。炭鉱の上級管理職には、坑内にいる時間をできるだけ長くして、鉱夫たちの問題に耳を傾けるよう提案した。また労働条件に大きな変更を加える際には、必ず事前に内容を管理職が組合幹部と協議するのを習慣化すべきだ、とも考えていたので、管理職と組合幹部が鉱夫と会合をもち、全体的な問題点を話し合い、合意で決めた政策を説明することを薦めた。こうした相互のやりとりが、参加とパートナーシップの意識を育み、管理職は妨害を最小限に抑え、必要な改革を実行できるようになり、多くの紛争を未然に防止できる、とわれわれは信じていた。

紛争の中には、鉱夫に情報を提供することで予防できるものがあるはずだった。この炭鉱で最も注意を要する課題の一つは、懲戒停職処分だった。典型的なのは、管理職が鉱夫を作業ラインの外に連れ出し、一定期間停職になることを耳打ちし、そのまま帰宅させるものだった。これが誰かが解雇されたという噂になって、ストライキにつながることがしばしばあった。組合役員は、炭鉱委員会のメンバーなど、鉱夫たちが信頼をおいている人物が処分通達の場にいれば、正確で信頼できる情報が伝わり、噂を打ち消せるので、この種のストは回避できると提案した。委員が現場にいられるよう、組合役員は鉱夫を処分する前に、炭鉱委員会に知らせるように管理者側に依頼した。われわれはこの手続変更を、紛争予防のための追加手段として組み込むよう薦めた。

既に起こってしまった紛争を処理するための提案も、いくつか行なった。鉱夫たちは、侵害された暗黙の契約への不満を述べる手だてが必要だった。そこで管理者側には、契約外の不満も不服と同じように受け付けることを明言するように提案した。モティベーションもよく考えておかなければならなかった。鉱夫の多くは、不服を申し立てれば、職長たちが報復として、嫌な仕事を割り当ててくるのを恐れていた。だから会社側には、苦情を申し立てた鉱夫に報復行為をはたらいた職長は処罰する（場合によっては免職処分にする）ことを宣言し、こうした恐怖感の解消に努めるよう提言した。

争いが起こってしまったら、当事者ができるだけ発生点に近い所で、理想的には鉱夫と職長との間で収拾をつけられるとよい。そこで管理者側には、労務問題を職長の業績評価の重要項目の一つにすることで、職長による不服処理を促すことを提案した。また鉱夫が上司である職長に申し立てを行なうまでは、問題を第二段階に上げるのを組合は認めぬよう提言した。

「ストライキまでの手順変更」

紛争がストにならないようにするため、われわれはストライキ前交渉の手続を追加することを提案した。スト予告の威嚇があった場合も、炭鉱委員会が管理職側と問題を話し合っている間は、鉱夫は仕事を続けることにした。これによりクーリング・オフ期間ができ、交渉への道が開かれることになった。これは「ループバック」の良い例で、紛争当事者を高コストの手続から引き離し、低コストの手続に向け直す手段である。

スト前交渉の後、さらに一部のストを除去する、別の手続の追加を提案した。組合員は問題を話し合い、ストを行なうかどうかを投票で決める余地があるはずだった。過半数がストを否決したら、少数派がスト決行を主張していても、鉱夫たちは仕事に出ることになった。これで多数派が求めていないストに引っ張られるのを防止できる。

しかし組合幹部は、この手続に二つの障害があることを指摘した。第一に、検討中のストライキについて話し合う会合は、ストに関する裁判所命令に違反することになり、有罪にもなりかねない、というのだ。だがスト回避の話し合いは、自分たちを守るための手だてだった。そこでこう尋ねた。管理者側がこれに罰則を与えないことに同意すれば、ストに関する会議に出席するのか、と。彼らはそれならよい、と答えた。第二の障害物は、部分ストが組合の団結の原則に反する、というものだった。鉱夫が一人か二人でも職場を離れると、他の鉱夫も自動的に従うことになっていた。これは必ずしも争議に同意したからではなく、ストを起こした仲間を守るという意識のためである。少人数で職場を離れれば、そのまま解雇されるだろうが、全員でストに入れば誰もクビにならない。ここでも再びモティベーションが重要な要因だった。組合代表のラトリフは、管理者側がスト行為に出た鉱夫を懲戒しないとするなら、大多数の鉱夫が仕事を続けることを示唆した。この提案を管理者側に強く迫った時点では、ラトリフは懐疑的だった。「あんたたちがこれを実現してくれるってんなら、みんなで逆立ちでも何でもしてやるよ」。

このような手続があっても、なおストが起こる場合には、その代償を最少にしたい。これが最後の提案の狙いだった。それまでの慣習では、ストに出た最初のシフトが、勤務に戻る最初のシフトになることになっていた。これは次のシフト勤務が間に合う時間帯にストが収拾されても動かない決まりだったので、無駄な空き時間ができていた。だから組合には、ストが起こっても双方のコストを減らせるよう、この慣習を捨てるよう提案した。

これらは既存のスト依存型手続を、問題解決的な交渉を促す方式に変更するのが狙いだった。これは「ループバック」機能を創り出し、組合役員と鉱夫の間に新方式を活用する意欲を生み出そうという努力だった。この変革が、低コストの代替案を与え、鉱夫のスト欲求を緩和することを期待していた。ストが決行されても、コストは削減しようとしたのである。

「新しい手続への動機づけ」

各々の手続を使う意欲はもとより、改革プログラム全体を受け入れる意欲も刺激したかった。それ以上のレイオフを避け、炭鉱閉鎖を回避するメリットは、関係者全員に共通の利益なので、状況がいかに切迫しているかを管理職と組合が鉱夫にはっきり示すよう提案した。さらにストが続けば、炭鉱はますます赤字になり、レイオフも続き、いずれ閉山に追い込まれる。と同時に、管理者側には、ストが終結すれば生産性が上がるので、一時解雇している鉱夫を再雇用できるのだと通知することも薦めた。

動機づけのもう一つの要素は態度、つまり当事者の相手に対する姿勢である。だが、態度に直接影響を与えるための研修は推薦しなかった。問題解決型交渉を使った成功体験が、やがて態度を変えていくと思っていたからである。ただし、管理者側が会社のスポーツ・チームなどを通じて、鉱夫と職長の交流を促すのは良いことだった。この時点で双方が認めたのは、管理者側はそうした接触の機会を、逆に積極的につぶしている、という現実だった。

「必要なスキルと資源を提供する」

紛争を処理する当事者に問題解決型交渉を進めるスキルがなければ、改革も機能しない。中心的な役割を果たす人たちには、指導と訓練が必要である。そこで、その年の夏の間ユーリが炭鉱に居残り、現場の人々がコミュニケーション能力と交渉スキルを磨くのを補助する、という提案を行なった。だが人間関係の対立が激しい場合は、スキル研修だけでは十分ではない。紛争処理に直接責任があるのは、職長頭のキルゴアと組合支部長のラトリフだった。この二人の好戦的な性格と前々からの個人的な敵対心からすると、スキル研修や指導くらいで問題解決的な交渉技術が身につくとは思えなかった。

ただし、彼らのどちらかを異動させるのは難しそうだった。組合支部長をその席から外すという提案も現実的ではなかった。また、キルゴアも多くの人から必要とされており、彼を外すのが良いとも思えなかった。キルゴアは人間関係には問題があるが、生産現場では優秀な職長頭らしかったし、会社が彼を解雇したとなれば、会社は気に入らない職長をクビにできると鉱夫たちが思い込み、他の職長の意欲をそぐことになる。どちらも職位から外さずに、両者の紛争処理業務の負担を和らげるようにすることにし、この両名を不服申立手続には直接加わらないように調整することにした。

紛争解決に関するキルゴアの責任を肩代わりするため、管理者側には紛争解決手続を十分機能させることを主要業務とする、専任の労務主任の採用を提案した。そして、この主任は必要な時はいつでも駆けつけ、公式契約上の問題でも、暗黙の契約上の問題でも、あらゆる不満に耳を傾けられる態勢にした。すべての紛争に対する中心アプローチは、問題解決型交渉とした。この職位を職長頭と同等とすることによって、彼が自分の仕事を進められると同時に、管理者側は、労使関係を良好に保つことを会社が優先している、と鉱夫に示すことができる。炭鉱に新しい職位を作り、そこに適任者を採用するのは、新しい手続に必要な資源を与える例である。われわれは選出された委員には、紛争解決のプロセスでラトリフがいた立場に立つように提言した。鉱夫が不満を我慢せずに吐露するのを促すよう、委員たちに要請したのである。

そして勤務交代ごとに鉱夫たちの問題に耳を傾け、それを管理者側とどう話し合うかの指導ができる態勢を整えておくことを薦めた。

われわれの提案は、利益中心の交渉を促す手続上の改革だけでなく、新しい手続を機能させるのに必要な動機づけ、スキル、資源を改善させる具体的手段を備えていた。

改革を交渉する

改革を薦めるな。改革を交渉せよ！

関係者は、状況調査の後、すぐに何か具体的処置が出ると期待していた。何が間違っていて、誰が悪く、どう処分すべきか、を知りたがっていたのだ。こちらの判定に拘束力がないことを除けば、われわれが裁定人のように動くと思っていたのである。

しかしこちらは、決定的な施策を示すには時期尚早と感じていたし、この状況について関係者がもっているはずの知識をもっと活用したかった。この炭鉱と接触してから日も浅かったので、管理者側も組合役員も、われわれの提案を割り引いて聞くのではないかという懸念もあった。さらに、提出する改革案を効果的に実行するためには、当事者がそれを自分たちの構想だと思っていることが必要だった。だからわれわれの役割には、当事者にこの構想の採用を納得させる部分も含まれている、と判断したのである。これは改革プログラムを調整し、実行するため、各当事者との緊密な作業を要する長期的な介入を意味した。

われわれは、第4章で解説したワン・テキスト調停方式を用いることにした。（ちょうどこの段階で完了した）双方への面接の後、提案する具体策の草案をまとめた。これを推奨案としてではなく、議論のたたき台として提示しつつ、関係者に批判と助言を求めた。そうして得られたアイディアを活用し、草案を書き直し、再提示して、さらに批判と助言を求めた。このプロセスは、こちらがもう草案を改良できないと思うまで続けた。この草案に、当事者自身の言葉とアイディアが組み入れられるようになるにつれ、改革が部外者からのものではなく、彼ら自身のものだと考えてくれることを期待していた。

われわれは、最初は労使と別々に作業し、それぞれが効果的に採用できる実務案を策定することにした。この方式にしたのは、人間関係がこじれていたからだけでなく、このプロセスを団体交渉のように双方が互いの譲歩を期待する形式の交渉にはしたくなかったからである。改革案の出し方が一方の要求のようにならなければ、双方の改革がずっと容易になる、と考えていた。

ウエスト・ヴァージニアとケンタッキーには三度にわたって出張し、組合と管理者側からの批判、改善点、追加案を引き出した。

アイディアを形にする

われわれはまず、ウエスト・ヴァージニア州チャールストンに飛び、本社の上級役員と会った。そして職長頭のキルゴアの問題から取り上げた。こちらが彼の解雇や配置換えを薦める気のないことをきっぱり述べると、先方も気が楽になったようで、その後の提案に対しては、ずっとオープンな態度で耳を傾けてくれた。次に、経営者側がとりうる具体策についての草案を提示した。個々の提案を示す前に、まず対応する問題点を説明した。特にこれから示す提案は、確定した推薦案ではなく、改良するためのたたき台だということを強調した。彼らの感想を引き出したかったからである。

全体としては、この会合は順調に進んだ。専任の労務主任を置くというアイディアには、ほぼ全員が好意的な反応を示した。例外は業務部長のウィリアムズで、会社はこれまでもう十分に寛容な態度をとってきたのだから、キルゴアに労務の全権を与え、三か月間鉱夫たちにしかるべき教育を施すべきだと言った。ウィリアムズと確執のあった労務部長のセクストンは、自分の懐柔的なアプローチに外部からサポートが得られたと喜んでいるようだった。炭鉱責任者のサッカーは防御的だった。彼は提案した具体策はこれまでに自分もやろうとしたものだ、と繰り返した。逆説的だが、これでこちらの提案が通りやすくなった。

翌日、われわれは同じ草案を携え、組合の地区本部での組合役員との会合に出向いた。前日、経営陣に行なったように、とりうる具体策を一つずつ、対応する問題点に照らして示し、批評を求めた。最も議論を呼んだ提案は、新たなストライキ前交渉と票決手続だった。われわれは、経営者側には山猫ストに関与した鉱夫を処罰しないことに同意するかどうかは確認していないが、これから説得していくことを告げた。ゴールドバーグとの個人的な会話の中で、ラトリフは不服処理手続での主導的な役割から身を引くことに同意した。キルゴアとラトリフの両名が公式手続から外れることになったので、問題解決型交渉を始めるのがスムーズになると期待できた。

第二回戦

二週間ほどで労使ともに、われわれの提案に好意的な反応を示したが、最も重大なポイントは未解決だった。組合にとっては、ストライキ前の手続。経営者側にとっては、組合役員とストの主導者に対する免責保証である。

この間にも炭鉱では事件が続発していた。五月初め、ある鉱夫が窃盗のかどで解雇されたことに抗議して、鉱夫たちは五日間のストを張った。組合支部の幹部が深夜、現場に来て、ストを解除するよう説得を試みたが成功しなかった。経営者側は組合支部を連邦地裁に提訴した。判事は鉱夫を四八時間以内に職場に戻すよう組合に命じ、従わなければ全員が有罪だ、と告げた。鉱夫たちは期限前に作業に戻った。一週間後、判事は当時のＵＭＷＡ（全国炭鉱労働者連盟）代表サム・チャーチと顧問弁護士ハリソン・コームに会い、悪化する状況について話し合った。組合役員は判事にわれわれの努力を語った。問題の放置を心配していた判事は、全面的な協力を申し出た。

数日後、われわれは再びチャールストンに飛び、会社の上級役員たちに会った。提案した具体策について出されていた多数の細かな修正点を話し合ってから、ストの手続に関する極めてデリケートな質問をした。一九七七年から翌年にかけての全国炭鉱労働者の中心的な闘争課題は、支部組合員の過半数がスト決行を票決した場合に、契約期間内でもストを行なう権利をもつかどうか、だった。ＵＭＷＡは、この権利を労働協定に入れたがっていたが、経営者側は反対し、結局契約には入らなかった。そして今、表現は違うがクリーク炭鉱の経営陣に、全国レベルでは否定されていたスト権を、組合支部に与えることをわれわれは求めていたのだ。

この提案はストを予防するための手段として出していた。ストの前に組合指導部と管理者側による会合を開き、さらに鉱夫が票決する会合も開かれる場合にのみ、ストの主導者たちは処罰を免除される。過半数がスト決行を可決する場合は、管理者側にはストの主導者を処分する権限はない。過半数の決定に反して少数派がストを決行した場合も、二四時間以内に作業に戻れば懲戒を免れる。これは組合幹部がわれわれに確約したことであり、多数派が少数派のスト決行によって処罰に巻き込まれる恐れなく仕事ができる仕組だった。さらに、少数派が他の鉱夫をストに引き込めないと見て、二四時間以内に作業に戻れば懲戒処分から自分たちを守れる、というものでもあった。

裁判所の制裁規定は別の障害物になっていた。組合指導部が裁判所による処罰を恐れれば、おそらくスト前の会合には出席しないだろう。しかし、彼らの出席こそが、会合を民主的な、責任ある方式で、着実に行なうのに不可欠なのだと、経営者側に説明した。そして、スト前会議に組合指導部が出席しても、それを法的処分要求の根拠とはしない旨の約束を会社はすべきである、と提言した。こうした具体案を説明するとき、われわれは次のように言った。「あなた方が失わざるをえないものが何か、考えてください。鉱夫たちはとにかくストを決行し続けています。会社側も彼らを再び刑務所送りにはしたくないはずです。もしこの方式でストを予防できるかもしれないなら、導入してみてはいかがですか?」。本社の役員たちも最終的には、実験的な試みとして必要な保証を与えることに同意した。

この交渉では、われわれは調停人だけでなく、特定手続の策定者であり、提唱者でもあった。これには本質的に異なる役割間の、微妙なバランスをとることが必要だった。

合意に漕ぎ着ける

われわれはボストンに戻るとすぐに、提案をさらに書き直した。改革案のほとんどを合意事項としてではなく、独立的かつ一方による行動としてまとめようとした。それは改革が、互いに譲歩を繰り返すのではなく、関係改善のために取り組みがいのあるステップだと強調するためだった。一方がこの新しい方針の一つに従えない場合でも、プログラム全体が崩れないようにしておきたかったので、提言は①社長からクリーク炭鉱の管理職宛の、新しい労務政策と実務を詳細に記した社内記録、②管理者側から鉱夫宛の新政策についての声明文、③ストライキ手続に関する管理者側と組合支部の合意文、④組合から管理者側への方針声明文、の四つの文書にまとめた。

六月中旬、われわれはこれらの文書を携え、現場に出向いた。まず組合役員と組合声明文の草案と労使合意文の草案を検討し、彼らからは全面的な賛同で採用の合意を得た。翌日の午前、炭鉱の管理職と本社の上級役員らと会合し、管理者側の声明文の草案とストライキ手続についての草案を議論した。事前に案件を十分に練って来ていたので、異議はほとんど出なかった。午後には、組合役員と管理者側の役員二〇数名が炭鉱で会合した。サッカーが管理者側の声明文を大声で読み上げ、ラトリフが組合の声明文を読み上げた。次に、それぞれが合意文の半分ずつを読み上げた。みんな上機嫌に見えた。ラトリフもセクストンも、この合意がクリーク炭鉱で機能すれば、このストライキ手続は次回の全国協定に取り入れられるだろうと予想していた。組合幹部がこの合意への強い支持を表明すると、管理者側は非常に寛容だと驚いていた。

ラトリフと地区組合の委員長が組合の合意書に署名し、社長とサッカーが管理者側の合意書に署名した。記念写真も撮られ、まるで平和条約か何かの調印式のような雰囲気だった。参加者は自分たちが炭鉱産業の歴史に新しい一幕を開く気分に浸っていた。

改革を実行に移す

批准投票

管理者側と組合にはまだ、新手続を職長と鉱夫に導入する仕事が残っていた。サッカーが代表となり、この手続を職長に発表し説明した。彼はユーリを紹介し、この夏、炭鉱に滞在し、改革実行の補助をすることを話した。

鉱夫たちには新手続を学習し、それが自分たちのものであるという意識を培ってほしかったので、われわれはこの合意内容を、彼らの正式な批准作業にかけることを提案した。組合も管理者側もそれに同意した。そして調印式の翌日、この声明文と合意書が鉱夫全員に郵送された。さらに翌日、ラトリフがユーリを鉱夫たちに紹介し、状況を把握するために現地に滞在し、できる限りの手助けをする旨を告げた。

だがその日以降、われわれの楽観的な気分はどんどん打ち消されていった。ラトリフはこの合意が批准されないだろう、とユーリに打ち明けた。不服申し立てに対して報復しないとか、ストの主導者を処罰しないという公約を管理者側が守ることなど、ほとんどの鉱夫は信じない、というのだ。彼らはこれまでもずっとだまされてきたと思っており、同じ手は食わないと心に決めている。しかも、この五週間ストがないのだから、別にいま合意する必要などない、というのである。

反対の兆候に感づくと同時に、ラトリフ自身の合意への支持が崩れだし、疑いの言葉さえ口にし始めた。鉱夫たちの根本的な懸念をほぐすため、場合によっては批准投票を延期してはどうか、とユーリが言っても、耳を貸さなかった。何でもいいからとにかく投票を済ませ、何か他のことに逃げたかったのである。それはまるで、既に打ちひしがれ、何とか自分の損害を小さくしたいと思っている負け犬の姿だった。

数週間後、ユーリはこの急反転の理由の一つを学んだ。組合支部の幹部が、合意書を彼らの弁護士に見せていたのだ。この弁護士の存在は、われわれには一度も告げられていなかった。弁護士は三つの異議を唱えた。それは（1）組合支部単位の合意は好ましからざる前例となる、（2）公約が文書化されてはいるが、会社はスト前の会合に出た組合幹部に法的な処罰を要求できる、（3）ストの主導者を処分しないという会社側の約束は、法廷では実効性がない可能性がある、だった。さらに弁護士は、会社の約束内容は鉱夫の処分まで二四時間待つだけだ、というひどい誤解までしていた。もちろん、この条項の意味は、ストの主導者は、多数決に反するストの場合であっても、二四時間以内に職場に戻る限りにおいては、誰も処分されない、というものだ。

六月の第三週に投票が行なわれ、鉱夫は合意案を一四四対二三で否決した。これには管理者側も組合幹部も自信をなくし、われわれも落胆を隠せなかった。

慎重に話し合ってからストを決めるという案を、なぜ鉱夫は圧倒的多数で否決したのか？　考えると四つの要因の作用が見えてきた。

第一は、管理者側に対する現場の一般鉱夫の根深い不信感である。管理者側が約束を実行するとは、にわかには信じられなかったのである。われわれの介入くらいでは、不信感は消えなかった。新手続の採用には態度の変化も必要だったのだろう。たぶん、批准を求める前に、鉱夫に新手続を試させ、管理者側が約束を守るのを、その目で確かめさせるべきだったのである。

第二に、組合指導部とは違い、一般鉱夫は合意案作りに関わっていなかった。指導部はその過程で、彼らには何の相談もしていなかった。新手続は紛争処理に、より大きな発言力と把握感を与えるものでありながら、一般鉱夫たちは、その合意形成過程には発言もしていなければ、影響力を示す余地もなかったのである。全く皮肉な話だった。合意案は、処理しようとした問題そのものによって潰されたのだ。

第三は、合意案が全国労使協定への追加項目だとみなされたことである。炭鉱の文化では、全国協定は聖書のように尊ばれていた。これに何かを付け足すというのは、聖典に勝手に手を加えることだった。多くの鉱夫が言い放った「全国協定だけで十分だ」。

第四は、組合の弁護士に合意案を否定されたことで、組合指導部の意欲が萎え、鉱夫たちの疑念を払おうとする気力もなくしたことだ。この弁護士は紛争解決制度を再設計するプロセスから外れていたのを、不快に思っていたのだろう。事実、手続の変更は、彼の役割が大幅に縮小されることを意味していた。

この批准投票が教えてくれたのは、改革への潜在的な抵抗勢力を明確にすること、改革の過程に彼らを取り込む方法を見つけること、それができない場合は抵抗を中和する方法を見つけることの重要性だった。否決されたことで、改革プログラムに大きな疑問符が付き、戦略を練り直さなければならなくなった。

練り直しと再設計

批准投票の翌日、ユーリはラトリフの自宅を訪ね、ラトリフが合意案をすげなく放棄したことを質した。ラトリフは、全国協定以外にはいかなる合意を結ぶのも賢明ではないと鉱夫たちが考え、彼らが合意案を拒否したのだと弁解した。ところが、合意案は非公式的に実行する余地がある、と言い足したのである。たとえば、ストの恐れがあるときは、自分が管理者側と会って、鉱夫との間に話し合いの場を作る、というのだ。しかも、ストが起こってしまってからでも、彼と組合幹部はそうする、という。

管理者側もこの非公式に実行するという考え方を認めた。本社の労務部長セクストンは、会社は約束を必ず守る、といった。それで、合意案が否決されるという衝撃の後も、改革プログラムは計画通りに続くように見えた。唯一の例外は、スト前手続が合意文書には載らず、双方が守るべき了解事項としたことである。

ユーリの役割を確立する

炭鉱現場には疑念が満ちており、現地の管理職も組合も、初めからユーリを信頼していなかった。彼の学歴や社会的階級が組合員より管理者側に近かったこともあり、彼と一般鉱夫の間にははじめから大きな溝があった。鉱夫の不信感を解消し、炭鉱についてできるだけ多くのことを学ぼうと、ユーリは地下坑内に同行することを求めた。そして鉱夫と同じ作業着を身につけ、安全指導を受けた。鉱夫は黒い安全帽をかぶり、管理職は白い安全帽をかぶっていたが、ユーリは中立性を表そうと緑の安全帽を注文した。彼は日勤と夜勤合わせて連続三日間を坑内で過ごし、鉱夫全員に会おうとした。

ユーリは自分の所持品を、管理職の更衣室から鉱夫の浴室に移すこともした。これには二つの目的があった。自分から鉱夫への一体感を示すことと、鉱夫間のコミュニケーションの大部分が行なわれる場所にいる理由を作るためである。彼の参入は何事もなく進んだわけではなかった。ユーリを目にしたある鉱夫はあからさまに怒鳴った。「奴はこんなとこで何してんだ！　つるしちまおうぜ！」

しかし全体としては、鉱夫も職長も、彼が地下の採掘現場まで降りてきたことに好意的だった。驚いたことに、ユーリが作業に興味を示すと、彼らは進んで掘削機の操作方法を教え、自分たちの仕事について語り出したのである。数人の鉱夫は彼に炭鉱夫特有の通過儀礼である「陰毛刈り《ヘアリング》」をやれと主張した。これは嫌がる新米を押さえつけ、無理矢理陰毛を刈る炭鉱特有の儀式である。ユーリが「刈られた」という言葉があっという間に他の鉱夫たちの間に広がると、彼に対する態度は一変した。「さあ、これでおまえも正式な鉱夫だ。一人前の男になったのさ」などと声がかけられた。仲間として認められたのである。

ユーリは職長や管理職にも、仕事の様子や炭鉱の操業状態を聞きながら、時間を過ごした。自分に何ができるかを学習しようとしただけでなく、鉱夫たちの関心事と同様に管理職の関心事にも興味があることを示したかったのである。

彼はラトリフとサッカーとも個人的な関係を築いていった。ラトリフと昼食を共にし、ビリヤードをやり、妻や子供にも会い、射撃練習や組合の他の幹部も交えての夜釣りにも出かけた。サッカーと彼の家族の夕食や、息子の誕生パーティーにも出席した。ユーリは各々からの信任を勝ち取り、反感を持たれずに、ざっくばらんなフィードバックをもらえる個人的な関係を築きたかったのである。

手続を非公式に実行する

鉱夫たちがストに関する合意案を否決したにも関わらず、組合と管理者側は取り組んできた改革案の大部分を実行に移し始めた。管理者側は専任の労務主任を採用し、苦情解決の権限を与え、停職処分が議題になる場には必ず炭鉱委員を出席させるようにした。組合はどの勤務シフトで不服問題が話し合われる時も、炭鉱委員を出せるようにした。さらに、管理者側は論争になりそうな行動をとる前に、組合幹部と相談するようになり、波乱含みの特殊な問題については、一般の鉱夫との協議さえ開始したのである。

本社が爆弾予告の脅迫電話への対処方針を採用したことは、この変化をよく表している。ユーリが地下坑に入って二週目のこと、何者かが電話で、坑内に爆弾を仕掛け、勤務交代の時間に爆発させる、と脅してきた。管理者側は入坑する鉱夫たちに、この脅迫のことを話した。四四名のうち三七人が作業に行かないという選択をとり、結果的に当日の賃金を失った。ユーリはサッカーに、脅迫の危険で仕事に出られないと鉱夫にも損失が生じるので、彼らの意見も聞いてみるように提案した。数日後、第二の爆弾脅迫が起きたとき、サッカーはこれを試した。ある鉱夫は、かつて管理者側が録音した脅迫電話のテープを再生してはどうかといった。サッカーは同意しつつ、鉱夫たちが脅迫電話の犯人を特定までではしなくても、彼らも動いてくれそうな気がしていた。このときはこれまでの爆弾脅迫の時とは対照的に、坑内の爆弾捜索が済むと、ほとんどすべての鉱夫が作業に向かった。

鉱夫たちが問題解決への努力に加わると同時に、爆弾脅迫の信憑性は薄れていった。彼らはこの脅迫は何者かが作業を停止させ、その分の賃金をかすめ取ろうとしているのだと考え始めていた。夏の間続いたその後の脅迫電話の時も、鉱夫の大多数は作業に直行した。

他の改革計画も実行に移されていった。合意に従って、ラトリフとキルゴアは当該手続での役割を手放した。管理者側も組合幹部も、鉱夫たちに不満があれば言うように促し、実際に申し立てを行なった鉱夫からも報復の被害は報告されなかった。管理者側はストが収まり生産性が戻るにつれ、一時解雇していた鉱夫を再雇用するという約束を実行した。キルゴアは労使共同のピクニックを企画し、管理者側が鉱夫と管理職間の人間関係がうまく行くよう努力している、とのメッセージを発していた。

スト予防手続は、その夏、ある事件がストになりそうになったときに実施された。鉱夫は職場を放棄する代わりに、ラトリフとサッカーが問題を話し合う間、浴場で待機した。ラトリフが経営者側の提示した解決案を携えて戻ると、鉱夫はストをしないことに決めた。

つまり、管理者側と組合は合意の通りに、利益中心の交渉の機会を増やし、計画のように、不満を浮上させて解決するという改革を実行していったのだった。

コーチ役としての策定者

ひと夏を炭鉱で過ごしたユーリは、個々の紛争の利害関係ではなく、紛争処理のプロセスに注目していた。彼はふつうの意味の調停人としての行動はしていなかった。会議の招集もせず、実質的な提案を行なうこともまれだった。彼の仕事は、新手続の実行を手伝うことだった。毎日、炭鉱に出かけ、管理職、組合幹部、一般鉱夫との対話に時間をかけていた。その中で、生じつつある不満や紛争の聴診と確認に努めていた。会合が速やかに開かれ、問題点が徹底的に洗い出されているかどうかをしっかり見つめ、紛争に関する会合にはほぼすべて出席し、双方が問題解決的な交渉のチャンスをつくるように強く要請した。

範囲を限定したユーリの役割は、初期に起こった問題の一つが良い例になる。このころ一時解雇から再雇用されたキンダーという鉱夫が、年功の序列で自分より下の者が三週間も先に再雇用されている、と不満を述べていた。キンダーは、この不当な順番のせいで仕事が得られなかった三週間分の賃金の支払いを求めていた。この問題の申し立てがあったとき、担当した炭鉱委員は組合幹部が約束したように、キンダーの直属の上司である職長にまずそれを話すように言った。

ユーリはこの不服申し立てを知り、クリーク炭鉱の新任の労務主任であるルーカスに伝えた。彼はハーラン郡の元組合役員で、数日前に着任したばかりだった。ルーカスはキンダーに会った。ユーリもその場にいたが、双方が相手をどう見ているかを整理し、問題を直ちに処理すべきことを再確認させることだけに自分の役割を限定していた。ルーカスは、会社がミスを犯したと判断し、キンダーへの補償として二〇〇〇ドルを支払うことに同意した。以前なら、管理者側はこうした不服は裁定まで争っていただろう。この解決で、ルーカスは鉱夫たちに好印象を与えた。彼らは新任の人物が公正であり、不服を処理する権限があると認めたのである。

当事者が長年の習慣にならい、交渉の諸段階を単なる形式や、自分の権利を主張し相手側を厳しく非難する機会にしているのに出くわすと、ユーリは自分がもっと積極的に関与する必要性を感じた。特に坑内での最初の公式な不服問題会議の時がそうで、次のような問題をみんなが満足するように解決し、問題解決型交渉が役に立つことを納得させる必要性を痛感していた。

問題は、地上の保守業務に配置されていた、夜勤の電気工のロビネットが申し立てた不服だった。彼は、過去二週間にわたって毎日地下の機械修理をやらされてきた、と不平を述べた。地上の作業でしかるべき時間を過ごせるように、修理業務を夜勤に回すよう管理職に求めていた。彼の主張には公式契約上の根拠はほとんどないのだが、本人は正当な要求だと思っていた。地上の職場でできる仕事があるときに、地上の電気工の作業を地下でやらせるのは、暗黙契約に違反するというのだ。管理職はこの要求を認めたがらなかった。保守係の職長は、管理者側に不服処理手続の第二段階を申請した。保守の問題が異常に多発し、夜勤者の欠勤率が高いため、地上での機械修理業務よりも地下での「問題処理」が急務で、ロビネットのような保守係が緊急に必要だった、というのが職長の言い分だった。

ユーリはこれに耳を傾け、問題を整理し、適宜質問した。彼が実行可能な解決案を指摘すると彼らは注目した。管理職にはほとんど代償のかからぬ提案だった。この職長が地下作業にロビネットを必要としない場合は、職場ですべき作業のリストを示せばよく、そうすれば地下の現場で割り当てられる作業がないのに地下に送られる必要がなくなる、というものだった。この解決策は、地上業務にしかるべき配分を得るというロビネットの利益を満たし、地下での作業が必要なときには彼を地下に送れるという管理職の利益も満たした。ロビネットはこの提案で満足だった。初めは抵抗した保守係の職長も、最終的には同意した。双方ともに学習の実感があり、喜んだ。以前であれば、この件は長引き、憤りと不満が続き、ストもありえたはずだ。ある炭鉱委員はこの結果に非常に驚き、自分の経験では、これは管理職が初めて第二段階で解決できた苦情だ、と述解した。

この例のように、ユーリの存在はしかるべき影響を与えた。第三者がいるだけで、紛争当事者の行動がより理性的になり、合意達成への圧力になる。またユーリの存在が、問題点を話し合う大切さを強調し、互いの相違点を解決しようという取り組みを双方に促した。彼は新手続の象徴、標識の役割も果たしていた。人々が特定の紛争に対処する方式について話し合っていたことが、問題解決型交渉の意義の周知につながっていた。当事者が誰に権利があるか、とか、誰に権力があるかに傾いているときは、必ずユーリが重心を根本的な利害関係に戻そうとした。

このようなコーチとしての指導をしつつ、ユーリは組合役員と管理職合わせて一五名からなるグループに問題解決型交渉の勉強会を実施することを申し出た。この共同研修は、組合と管理職が彼らの対立関係をどう見ているかのディスカッションから始まった。このとき、ユーリは古典的な「囚人のジレンマ」を体験させ、信頼について学ぶ演習を実施した。グループは二つのチームに分けられ、それぞれに労使双方が入った。二つのチームが協調すれば両方が勝ち、協調しなければ共に敗者となる。一方が協調し、他方が協調しなければ、協調しない方が大差をもって勝者となり、協調した方が敗者となる。予想したように、一方が相手に協調を申し出て、それが裏切られるという結果になった（面白いことに、組合代表ラトリフがこの裏切り戦略をとった）。これによって、研修グループは、根深い不信感がいかに簡単に生まれるかを理解し、炭鉱の相互不信を大掃除する具体的な方法を議論するようになった。

ユーリはその後、問題解決型交渉についての講義をグループに行なった。ついで、難しい不満とストライキに対処する状況設定の模擬交渉を参加者に実施した。ここでは組合幹部が管理職の役割を演じ、管理職が組合側を演じることになった。そして、多くの参加者が相手側の役割がいかに難しいものであるかを演習から理解できたと語った。

ユーリは関係者の指導と訓練を行なっただけでなく、新手続が実行に移されているのを監視する役割も果たした。彼がいることで、組合現場も管理職も、自分たちの紛争を問題解決型の交渉で解決しようという気になっていた。新しい解決制度の大部分が壊れやすいものだったにもかかわらず、ユーリはこうした手段をすべて使いながら制度を強化しようとした。彼は、当事者が依存しすぎることのないよう、紛争の具体的な調停には関与しないようにしていた。補助器材が取り外されても建物が自立しなければならないように、彼が去った後も新手続は存続しなければならないのだ。

炭鉱の紛争解決制度の変革

一九八〇年の夏の間、この炭鉱の人々は過去二年間とは全く違った方式で自分たちの紛争を解決した。ストによる威嚇は二度あったものの、実際には決行されなかった。正式な不服申し立てにも賠償額は増えなかった。組合が申し立てた正式な不服はわずか三つ。どれも就職採用に関するもので、第二段階で解消され、第三段階や裁定に持ち込まれるものはなかった。契約上の権利を敵対的な態度で争う代わりに、当事者は双方の認識について話し合い、相手の言い分にも耳を傾け、基本的な利害関係に焦点を当て、互いに根拠を述べるということを始めた。利益中心の交渉が、共通の慣行となっていったのである。

この変化は、決して管理者側からの宥和政策によるものではなかった。たとえば、サッカーはある職務割当の件では自分の立場を固守し、組合側には根拠がないとして彼らを説き伏せようとした。別のケースでは、ある鉱夫を無断欠勤で停職にし、本人を納得させ、炭鉱委員が現れても、処罰は曲げなかった。

鉱夫たちはこの頃には、管理者側と組合幹部に、ストの可能性のある状況を考え直してみるメリットを進んで実現するようになっていた。一度、ストの脅しがあったとき、組合支部長のラトリフはユーリに次のように打ち明けた、「こいつ（改革プログラム）には感激させられたよ。昨日の朝（ストの恐れがあったとき）、鉱夫たちは皆、私の言うことを聞いてくれた。彼らは私が言わなければならないことに耳を傾け、こう言ってくれたんだ『そうか、じゃあ連中にチャンスをやろうじゃないか』と」。

八月の第一週までは、鉱夫たちは頻繁にユーリの所に不満を言いに来ていた。彼は慎重に言い分を聞き、調べてみると伝え、組合か管理職側の適切な役員の所に行くようにも指導した。直接行動するのではなく、自分への依存度が低くなるようにし、自分が去ってからも、不満が適切に流れる道筋を切り開いておこうとしたのである。

八月第三週末がユーリの滞在の終了予定だった。彼は、炭鉱コミュニケーション委員会と会合し、自分の分析と推奨案を話し合った。また三交代勤務のそれぞれの鉱夫たちの前でスピーチし、炭鉱の問題は特定のトラブル・メーカーのせいではなく、コミュニケーションがお粗末で、問題解決型の交渉があまりにも少ないためなのだと強調した。労使関係の改善では鉱夫と職長を称賛し、鉱夫も管理者側も、互いに相手を利用しようとはしていないのだという強い確信を示した。

ユーリの滞在は、初めてのクリーク・ピクニックの日が最後となった。これは組合と本社が共同で開催したものだった。宴会とスポーツの合間には、職長の一人が自分のバンドでブルーグラスとカントリー・ミュージックを演奏した。管理職と組合の主だった人たちはほとんどみな出席した。

成果を評価する

新しい手続は機能したのか？

クリーク炭鉱ではその後も紛争は起こったし、それらの紛争は相変わらず労使間の基本的な構造的対立になっていた。しかし、紛争解決パターンは大幅に変化した。この改革はわれわれの策定努力から八年たっても生きている。

紛争制度を策定し直した翌年、労使ともに大きな進歩を報告してくれた。利益中心型交渉は高いレベルで維持され、鉱夫は自分たちの不満を頻繁に申し立てるようになり、管理者側も問題処理に大いに努力しているとのことだった。結果への満足度も向上し、労使ともに、仕事上の関係が大幅に改善したという。炭鉱は一一か月以上もストがなく、閉鎖の危機は消えていた。

一九八〇年九月と一九八一年一月に一度ずつ、ストになりそうな状況があった。どちらの場合も、鉱夫たちは作業に出ることを拒否したが、浴場に待機した。組合幹部は管理者側と問題を話し合った。問題が解決され、鉱夫たちは作業に向かった。彼らは事実上、最初の合意で規定したスト前交渉の手続を実行していたのである。これも前進の一つである。

ほぼ一年間が過ぎた頃、ストが再発し始めた。一九八一年三月には二件発生した。いずれも当時行なわれていた全国協定交渉に直結したものだった。一九八一年七月から八二年五月までにさらに六件発生した。争点は、レイオフ、期待していた職務が削減されたこと、鉱夫を殴った職長の処分が軽かったことなどだった。かつてはストにつながった争点の多くは、現在は労使が十分に検討しており、これだけでも以前の状況から見たら大進歩だと双方が思っていた。

一九八四年には単発的なストがあった。当時の労使協約が効力のあった三年四か月間に五度、平均八か月に一度のストが決行された。ゼロが理想的だが、この頃の石炭産業では正常な数値である。これらのストの背後にある問題は無視できないものだったが、ストによる威嚇や爆弾脅迫はなかったし、本社も訴訟は抑えていた。労務主任のルーカスは次のように言っている。「実際に裁判沙汰になることはありませんでしたが、みなさんには炭鉱に戻っていただいて、制度を運営していただく必要がまだあるのです」[7]。

管理者側は協議し、正式な契約に関連していてもいなくても、すべての不満に耳を傾けるという習慣を継続していた。「苦情について話し合っているときは、われわれに契約上の責任があるなしに関わらず、問題の人間的側面を見つめている」とルーカスは言っている[8]。彼は、契約義務ではないのに、本社がパートの職の空きの知らせを掲示していることや、地下作業担当の鉱夫たちに地上職の研修機会を与え、空きが出たときに応募できるようにしていることを例に挙げた。一九八七年後期の苦情記録は特に印象的だった。書類として上げられた不服はわずか三つで、しかもすべて第二段階で解決されていた。

紛争制度策定の努力が、クリーク炭鉱の紛争解決パターンに大きな変化をもたらしたことは明らかだった。紛争解決にかかる費用も時間も減った。職場の関係は改善し、解決内容は双方にとって満足度の高いものになった。長期的に見れば、関係には好不調の波はあったが、紛争解決にかかるコストは以前と比べればずっと低かった。地区組合の代表が一九八八年にわれわれと会ったときに省みたように「みなさんが参画してから九八%が変わった。それまではごく些細なことからストになっていた。今日では、ウチはどの炭鉱よりもはるかにストの少ない炭鉱だ。ストがあっても一日だけで、昔のように一週間も続くことはない。みなさんは本物の変化を引き起こしてくれたのです」[9]。

なぜ、新手続が機能したのか？

クリーク炭鉱の成功はどう説明できるだろうか？　二つの要因が特に重要である。第一は、改革の機が熟していたことだ。この炭鉱は破壊的なトラウマに冒されており、それが悪化し、閉山の危機にさらされていた。この状況が新手続を試そうという動機づけになった。だが労使双方の役員が指摘したように、操業開始後の炭鉱の多くが「落ち着く」までに時間がかかることは珍しくなかった。われわれの言葉で言えば、権利と権力のバランス関係が十分に定着するまで、実に多くの権利闘争と権力闘争を経験するのだった。そういう時期も経て、紛争は減り、しかも以前より容易に解決されるようになったのだ。しかしクリーク炭鉱では、全く前例のない、長期にわたる混乱が続いていた。労使の役員の中には、われわれが介入した時がたまたま「落ち着く」ための臨界点に達した時だ、という見方をした者もいた。

この起死回生に影響を与えた二番目の要因は、われわれの努力が紛争解決制度の設計に向いたことである。われわれは利益中心の交渉のためのモティベーション、スキル、資源の強化を特に強調して紛争手続を再設計した。権利型の手続では、山猫ストが果たしている機能を満たせなかった。つまり、暗黙の契約に対処し、結果への把握意識を与え、発言権を与えることができるのが利益中心の交渉だったのである。しかもこれはストよりも、はるかに低いコストで実行できた。それにわれわれは、スト決行の前に話し合いを促す事前手続を準備した。これで失敗した場合は、少なくともストの期間を短くさせる手だても用意した。つまり、われわれは重点を権力や権利から、利益に移そうとしたのだ。

この策定では、関係者にどう対処するかというプロセスが極めて重要だった。ごく初期から、われわれの診断と策定には主だった人物を巻き込んだ。それは彼らの貴重な発想や知識を利用するためだけでなく、改革への支持を取りつけ、反発を静めるためでもあった。改革実行の時のフォロー・アップ作業も不可欠だった。紛争当事者には新しい手続を試すよう説得し、その手続を効果的に使うために必要な問題解決型交渉スキルの学習を補助した。

クリーク炭鉱での作業と同時進行で、ゴールドバーグは不服調停手続の策定も行ない、それが石炭産業で広く制度化されることを期待していた。クリーク炭鉱での経験のプラスの面から、ゴールドバーグは利益型の調停が、権利型の裁定よりも低コストで、不平不満の陰にある真の問題を明らかにし、具体的解決に向いていると考えた。これは、紛争解決制度の改革が、一つの炭鉱のためのものではなく、産業全体のためのものになるチャンスだったのである。次章ではその努力を描く。

第7章 産業のための紛争コストの削減
——不服調停プログラム

一九七九年後半、五年以上にわたり石炭業界で裁定を行なってきたゴールドバーグは、審判のため呼び出される案件の量と種類にフラストレーションをつのらせていた。争点の多くは、契約が明確で裁定内容も初めから明らかだった。契約の解釈を必要とせず、重大とも思えない案件が、なぜこれほど頻繁に裁定に回されてくるのか不思議だった。もう一つ奇妙なのは、そんな裁定のための経費が、会社にも組合にも看過できぬほど大きいことだった。たとえば、ある鉱夫が自分に割り当てられるはずの土曜日の仕事が他に回された、というレベルの不服の多くが裁定まで来ていた。この程度の要求が通ると、その鉱夫は約一五〇ドルを手にすることができた。だが会社と組合が払う裁定費用は、賠償金額の少なくとも三倍にもなっていた。土曜日の作業配分の基準は、一九七一年から労使協約に明記されていたので[1]、特殊なケースはほとんどなく、どの裁定でも判定は同じだった。なのに、ゴールドバーグの前にはこの種の案件が常時積まれていたのである。

ゴールドバーグの経験が特殊だったのではない。一九七〇年代中頃は、石炭産業では裁定が他のどの産業よりもはるかに多用されていたのである。一九七四年から七七年までに八〇〇〇以上の案件が裁定に回されていた。[2] この期間の費用は、裁定人の経費だけで二〇〇〇万ドルを超えていた。しかも、裁定手続中に失われる生産時間から派生する損失や、出張経費、聞き取り調査内容の文書作成費、文書複写費などをはじめいろいろな費用がかかっている。石炭業界で裁定にかかる取引コストの総額が、年間一〇〇〇万ドルを上回っているのは確実だった。

だが、取引コストの高さは問題の一部でしかなかった。紛争の再発もひどかった。つまり、事実上同一の問題が何度も何度も裁定にかけられていたのである。制度が負担過剰で遅れがでることもしばしばだった。判決型のどの制度もそうであるように、結果は本質的に勝つか負けるかで、双方の利益《ジョイント・ゲイン》が拡がる機会はほとんどなかった。争点の大多数は組合側が負けるもので、これが裁定に対する鉱夫の不満をさらにつのらせた。経営者側が負けるケースもあったが、そうなると裁定は無能だと批判された。しかも頻繁な裁定は労使の関係を傷めつけていた。裁定で優位に立ちたいという欲求から、相手側の不正をあげつらったり、裁定人に圧力をかけることもしばしばだった。これがさらに報復的な言動や攻撃を引き起こしていた。目に見える仕返しがない場合でも、敵対的な闘争意識のせいで、関係者が協調して建設的に仕事をするのは難しくなっていた。

既存の紛争解決制度を診断する

組合が裁定に大きく依存しているのは、裁定が得意とか資源が豊かだからではないことをゴールドバーグは見抜いていた。正式な教育や研修を受けていることが多い本社の交渉相手と比べると、組合代表の技術が劣っているのが一般的だった。費用のかかる裁定闘争を支える組合の資金源も、相手となる大手石炭会社の対策資金ほど潤沢ではなかった。

契約上の不服の処理には、裁定の前に三段階方式の手続もあったが、これで解決される問題はほとんどなかった[3]。山猫スト研究で示されたのは、第一段階と第二段階では、炭鉱管理職の多くが不満の解決には実質的な努力はせず、特に非公式契約に関する問題では無力さが顕著なことだった。管理職から見て、鉱夫の要求が契約上の権利に基づくものでないとなれば、問題は第三段階に送られた。鉱夫が第三段階での結果に満足しなければ、組合としてはその問題を裁定に送るしかなかった。さらに、UMWAの支部長は地元の組合員によって選出されるので、不服申し立ては、その優劣に関わらず、裁定にしなかった支部長への政治的報復という脅しになる可能性もあった。さらにUMWAは、他の労働組合と同じように、公正に代理するという法的義務を組合員に負っていたので、恣意的、差別的、悪意がらみなどで問題を裁定に回さないと、この義務に違反することになった[4]。UMWAの幹部役員がゴールドバーグに話したのは、裁定にしないと代表の公正義務違反だと言われそうだから、負けそうな件も裁定に回す、という組合の方針だった。当然のように裁定の量は増え、ほとんど勝ち目のない件も裁定にかけられているのだった。

会社側も、勝ち目のない案件を似たような動機で裁定に回していた。労務担当の代表者は頻繁に業務部長に報告していた。労務担当が本社の立場は裁定で守りきれないと思っていても、業務部長が契約上の権利が会社にあると思えば、それも裁定に回せと言われるのだ。

このような状況での制度策定者（当時ゴールドバーグはこのような名称は考えなていかったが）の仕事は、二つのパートからなる。不服申し立てと管理者側の対応の背景にある利害に当事者の目を向けさせ、交渉による解決の可能性を高めてやる。そして、この交渉でも問題が収まらない時は、裁定よりコストのかからない手続を用意することである。

効果的な制度を策定する

最初の構想

これらの目標を達成するためのゴールドバーグの最初のアイディアは、調停の要素を備えた「助言型裁定」の方式だった。彼は、経験豊かな裁定人であり法学教授でもあったロウベン・フレミングが、労働法の受講生と行なった実験に感心していた。フレミングは自分が裁定したケースの証拠と証言を、まず学生ひとり一人に与え、次にその資料を検討させ、結論を書かせた。学生たちの判定は、契約の解釈事例については一三のうち一二が、そして懲戒および解雇の事例については二三のうち一五がフレミング自身の判断と一致した。[5] この結果からフレミングは、労使共に経験の浅い裁定人の活用も真剣に考えるべきだ、という結論を下した。その判定が経験のある裁定人の内容と同じになることが多かったからである。

フレミングの業績は、ゴールドバーグに別のアイディアも与えた。新米の裁定人の下す決定が、熟練の裁定人の決定と一致することが多いのであれば、熟練の裁定人が証拠と証言を検討すれば、他の経験豊かな裁定人が同一事例をどう判定するか予測できるはずである。ゴールドバーグは、石炭業界では特にこの可能性が高いと考えた。この業界で申し立てられる案件の大多数が、比較的単純な内容であることに気づいていたからである。事実、このような状況の下では、経験豊かな裁定人なら、関連証拠と証言を少し検討するだけで結果を正確に予測できると思っていた。これが、不服調停を最終的にどのような形にするかの最初の構想につながった。費用のかかる裁定に訴える頻度を減らすため、不服処理手続には第三段階と裁定の中間に一段階が追加された。この段階は、熟練した裁定人が証拠と論拠の簡潔な提示に耳を傾け、この件が裁定に回った場合はどういう結果になりそうか、を当事者に助言するものだった。この拘束力抜きの助言的見解は、その場で口頭で与えられる。

これでかなりの金額が節約できると見込まれた。手続が簡潔なので、裁定人は一日に三件について助言的見解を与えられるはずだった。この頃の石炭産業で最も重用されていた裁定人の料金は、一日四〇〇ドルと旅費で、裁定全体としては一件約一〇〇〇ドルかかっていたのが、この助言型手続では一件約二〇〇ドルで済むはずだった。

この手続は裁定よりも早く、安く済むだけでなく、勝ち目がないような案件を裁定に回すのを減らす効果もあると考えられた。経験豊富な裁定人が、裁定になれば会社は負けると予測し、会社の労務担当者もこの助言的な見解に同意するなら、業務担当者にもその件を収めるよう説得できるはずだ。同じように、裁定人が中立人と組合支部に、裁定では組合側が負けるとの予測を伝え、この助言が支部代表の見方と一致すると、このアドバイスが裁定への動機をかなり抑える力をもつはずである。中立人は中立の調停人の前で発言する機会を与えられるが、そこでも難しいとなれば、翌日二番目の裁定人の前で主張する機会が与えられる。それでも中立人が裁定にもっていくと言い張る時は、組合は代理として公正でないと訴えられることを恐れずに、これを却下できるはずだ。裁定になれば負けるという裁定人の助言的見解があるので、組合からの取り下げが、恣意的、差別的、不誠実などとの非難を受けなくてよいからだ。

ゴールドバーグは、この助言型方式が、政治的な理由や法律的な理由で、問題が第三段階から裁定に回されるのを抑える手段として極めて効果的だと考えた。ただし、この方式では、正式な契約の解釈以外の、申し立ての陰にある利害の対立という本当の問題が十分には解決されていなかった。そこでゴールドバーグは、中立の第三者が助言的見解を与えつつ、調停人として活動するという構想を立てた。当事者が利益中心の交渉を活用し、水面下にある要求や問題を解決するのを補助しようとしたのである。

調停という考え方は、ゴールドバーグ本人の経験から生まれたものだった。裁定人の仕事をしていると き、自分の決定を押しつけず、調停で問題を解決する努力を何度も試みていた。これはなかなか成功しなかったが、新しい方式ならもっとうまく機能するだろうと思っていた。一つは、ゴールドバーグの担当した当事者が調停ではなく裁定を期待しており、交渉で解決しようという頭の準備ができていないことが原因だった。新しい手続を使う人たちは、また違う期待を抱いてくるだろう。しかも解決への努力が失敗した場合に備え、裁定人となる第三者には陰の利益を教えようとしないかもしれない。だが第三者に決定権がなく、できるのは助言までとなれば、逆に当事者はずっと前向きになるかもしれない。

ゴールドバーグは、まず調停の努力をし、助言的見解は解決交渉がうまくいかなかった時にのみ与えるべきだと考えていた。ただし、助言的見解を活用せずに調停手続が解決を導けるかどうかについては、まだ確信がなかった。

構想の進化　利益交渉の補助手段としての調停

ゴールドバーグが手続の調停部分を重視するようになるのには、多くの理由があった。始まりは一九八〇年の冬から春にかけての、多くの同僚との新手続についてのディスカッションだった。ブレットとユーリに加え、特に二人の人物から強い影響があった。ハーバード・ビジネス・スクール教授で裁定人および調停人として長年の経験があったジェームズ・ヒーリー、そして合衆国労働省の労使関係担当事務次官で、かつては連邦和解調停局の調停人でもあったウィリアム・ホブグッドである。ヒーリーもホブグッドも、手に負えないように見える紛争も調停で解決できるのだ、と知識豊かに強い説得力で主張した。そして、手続では調停をもっと際立たせるようにゴールドバーグを激励した。特にホブグッドは、しっかりした調停経験のある人材を中立の第三者として活用するのが、調停による解決に効果的だろうと語った。もう一人の同僚、ハーバード大学ロー・スクール教授で前ブリティッシュ・コロンビア労働理事会理事長だったポール・ワイラーは、理事会に毎年申し立てられていた約六〇〇の不服のうち、平均七一%が調停で解決されたという成功例を語った。同様にゴールドバーグも複数の州調停機関が、七五%から八八%を調停で解決している報告を見つけていた。(6)

調停を重視するようになった最大の要因は、クリーク炭鉱におけるわれわれの実体験だった。鉱夫は裁定より山猫ストを求めていた。裁定は彼らの発言権を奪い、申し立ての陰にある利害の解決にもならなかったためである。もし新手続が、契約に関する助言的なもので、裁定以上の発言権を与えなければ、処理手続に新しいステップを加えても、鉱夫たちは満足していなかっただろう。新手続がしかるべき発言権を与え、不服の陰にある利益を重視するものであれば、逆に満足度は高まったはずである。本当にそれが実現するなら、山猫ストに代わる手段としても機能するはずである。これも調停を重視する論拠となった。

こうした点がすべて、手続の実質的な改革提案になっていった。一九八〇年晩春にゴールドバーグは、主に利益型の交渉で、当事者双方が受諾可能な解決を、中立の第三者が補助する調停を中心に考えていた。助言型の方式は、二つの理由から低コストの権利型要素として残った。第一に、不服の中に契約の解釈に関する紛争が含まれている場合は、経験豊かな裁定人の見解が解決策に大きく貢献すると考えたためである。第二は、石炭業界に不服調停の経験がなかったので、たとえ助言的であっても手続の最後に、判定というなじみのある要素があれば、新方式が採用されるチャンスが増すと考えたためである。

構想の改定　石炭業界に紹介された不服調停

一九八〇年六月に石炭業界のために提示した手続は、次のような内容だった。不服処理手続の第三段階を終えても解決できなかった申し立てを、すぐに裁定には送らず調停に回す、という選択肢を当事者に与える。この調停手続はインフォーマルな形式にする。関連事実の確認は、証人尋問や反対尋問形式ではなく、話し合いを中心にする。証拠認定に関する法的な規定は適用しない。話し合いの記録はとらない。話し合いは正式な契約事項に関連する問題に限定せず、当事者は自分たちが関連すると考える事実や証言も提示してよい。

経験があり尊敬されている裁定人で、調停の技術とできればその経験もある人物を調停人とする。その主な努力は、双方の満足する形で当事者が問題を解決する補助に向ける。これを実現するために、契約の文言だけでなく、それぞれの利害関係も当事者に考えさせるようにする。もし解決に至るのが無理なようであれば、裁定で出されそうな結果について、調停人が見解を口頭で述べ、予測の理由を説明する。それでも当事者が問題を解決できなければ、裁定に持ち込んでよい。このとき初めの調停人は裁定人にならず、調停中は、当事者や調停人が裁定の場で使えるようなことを言ったり、行なったりもできない。

われわれはこの手続の成功に強い期待を寄せていた。調停人が当事者を利益中心の交渉に向かわせ、交渉が双方の満足する合意を安定してもたらすこと、紛争の再発と取引コストの減少、利益中心の調停経験が日常的な活用につながり、かなりの量の紛争をストライキや裁定、また調停にも頼らず、直接交渉によって解決できるようになることを願っていた。事実、紛争解決を協力して進めることで、当事者の関係全体の敵対意識を弱め、より協調性を強化することも可能だった。[7]

こうした理論的なメリットに対し、調停にはリスクもある。最大のリスクは、調停で問題が解決されないケースである。調停にかけられた申し立てのほとんどが裁定に送られることになれば、調停は単に費用と時間の無駄にしかならない。われわれは、調停が問題を解決できない場合は調停人が裁定人として働き、拘束力のある最終決定を下す（「調停裁定複合型（med-arb）」として知られている手続）という条項を加えることでこの危険を避けた。しかし、この方式にもリスクは残る。調停人に紛争を解決する権限があれば、当事者がこの手続を基本的には権利志向のものととらえ、双方の利害を満たす解決策を導くのではなく、自分に権利があると調停人を説得する方に力を入れ出す恐れがあった。そうなると、互いが受け入れる成果を出すという調停の短期的なメリットも、当事者に問題解決スキルを習得させるという長期的なメリットも失われてしまう。これは助言的判断の提示から派生するものだった。われわれは、調停人が拘束力のある最終決定を下すのを認めることで、リスクを抑えようとした。[8]

もう一つの危険性は低費用の調停が使えることで、初期段階の交渉によって解決しようとする意欲が削がれかねないことだった。たとえば、第三段階の交渉中、中立人の五〇〇ドルの請求に対し、二〇〇ドルでの和解が当人に提示されたとしよう。調停がなければ、彼にとって残されているのは裁定だけである。裁定になると組合には約五〇〇ドルの費用がかかり、しかも申し立てても却下されかねないため、当人が二〇〇ドルを受け入れる可能性は十分にある。だが組合の費用が一五〇ドルで済む調停が使えると、追加費用はしれており、調停でもそれ以上不利にならず、もっと良い結果もあると計算でき、中立人が二〇〇ドルの和解案を拒否するかもしれない。実際にそう判断して、当事者が調停の場で利益中心の満足のいく解決、たとえば単なる金銭的支払いにとどまらないところまでいけるかもしれない。そうなるとこの新しい手続の影響は、理論的には、当事者を第三段階の「(合意が成立しやすいという意味で)成功率の高い」権利型交渉から、成功率の高い調停での利益型交渉に動かすものになる。これは、より良い結果を出し、紛争の再発を減らし、関係の緊張を和らげるという、交渉のコスト削減効果はあるが、第三者としての調停人の利用に関連する取引コストが目立って増えるので、労使ともにこの新手続を続けて使う意欲を失うことになるかもしれない。

だがこうしたリスクは、この手続の潜在的なメリットより大きいのだろうか? この問に答えるには、他業種も含め不服調停の試みが少なすぎた。時間、費用、当事者の満足度によって調停と裁定を比較するためのデータもなかった。不服処理手続の初期段階の交渉によって、当事者の問題解決能力は向上するのか、労使関係の質が改善するかどうかなど、不服調停の長期的効果を示す資料もなかった。そこで、われわれは不服調停に関する実験を行なうことにした。しかし、この実験を行なうためには調停制度を確立し、管理し、評価データを収集し分析するための元手が必要だった。しかも、石炭会社とUMWAも初めてで、米国の他の産業でも未経験の手続を試すよう、双方を説得しなければならなかった。

関与を深める

資金獲得と参加者を募る交渉

一九八〇年の春、われわれはウィリアム・ホブグッドに率いられていた米国労働省の労使関係監督署に実験を提案した。ホブグッドは、ゴールドバーグによる調停手続の開発をかねてより支援しており、連邦和解調停局でも契約交渉の仕事をしていたので、石炭産業の紛争問題もよく知っていた。じっくりと話し合った結果、われわれが石炭会社と地区労働組合を説得してしかるべき参加が得られれば、労働省が六か月間の予算を保証するとの内諾を得た。

われわれは二つの地区組合で実験を始め、各地域で操業している石炭会社をできるだけ多く引き込むことにした。一つの地域は労使関係が全般的に良く、調停が成功する見込みが最も大きいところを、もう一つには違う状況で調停を検証するために、労使関係に満足していない地域を選ぶことにした。二八区（ヴァージニア南東地域）を関係良好地域として、三〇区（ケンタッキー東部地域）を関係不良の地域として選んだ。二八区は裁定と山猫ストの頻度が下から四分の一の水準で、三〇区はどちらも率が高かった。

調停提案には明確な長所があったが、採用には多くの障害があることもまもなくわかってきた。大きいのは惰性だった。裁定（山猫ストの代替手段）は、およそ七〇年にわたり石炭業界の紛争解決の一般方式になっていた。それがどちらに与しようと、手続自体は十分に理解されていた。対照的に、調停はほとんど知られておらず、会社側にも組合側にも期待の薄い手段だった。労使の代表者の多くが裁定には習熟していたが、違う技術が要求される手続を試すのには二の足を踏むのだった。

調停（当時はわれわれにも完全ではなかった手段）の採用へのもう一つの障壁は、裁定の方が調停より労使それぞれの官僚的構造に適合しやすいことだった。裁定は十分に確立された規定であり手順だった。申し立てが認められるか却下されるか、または部分的に認められるかなど、結果も予想しやすかった。結果（双方の勝ち負けの数）と裁定人（各裁定人が組合の勝ち、会社の勝ちとしたケースの数）に関する正確な記録を保存できることも、官僚的機構の記録保存趣味に合っていた。調停は逆に、規定の少ない柔軟な手続である。調停中に争点が伸縮するし、可能な解決の幅も広いので、結果が予想しにくい。多くの申し立てが歩み寄りで決着するため、得点化して記録するのも難しいのだ。

さらに厄介なのが、証拠と証言の提示をどうコントロールするかだった。裁定では、労使の代表のスタッフたちがそれをがっちり管理しているが、調停では手続上の規定がないため、把握感覚はずっと薄まる。鉱夫側は自分たちの不服申し立てに対する把握意識をもてるのを歓迎するだろうが、代表者たちは権力基盤の割愛を嫌がるだろう。(9)

障害は他にももち上がっていた。調停は歩み寄りを強調するため、白黒をつけたがる労使の代表者は嫌がった。彼らは、誰が正しく、誰が間違っているかを第三者が決める裁定の方を好んだ。同様に、公の場で自分の力を誇示したい人たちも裁定を好んだ。さらに、会社や組合の代表者の中には、調停による解決は、自分が任務を果たせなかった証拠になってしまうと警戒する者もいた。調停人を呼ばずに自分たちで問題を解決できなかったのか、ということになってしまう。また一部の経営者は、調停が速く、低コストで済むことで、組合による会社への挑戦が増えるのではないかと危惧し、反対した。

それに信頼感の欠如も重大な障壁だった。経営者側の代表の一部は、組合が有利な解決を得るためだけに新手続を受け入れるのではないかと危惧した。組合の代表者には、経営者が不服処理プロセスに段階を追加し、組合側の費用を増やし、最終的な解決に至るための時間を長引かせるためだけにこの手続を使うのではないかと恐れる者がいた。両者ともに、裁定になった場合には、相手が調停中に得た情報を利用し、立場を強化するのではないかと疑っていた。

ゴールドバーグはこうした抵抗勢力への対処に向かった。労使の代表者には、第三段階で問題を解決しようとするときに使ってきたスキルと調停で使うスキルとは基本的には同じだ、といって安心させようとした。歩み寄りという考え方を嫌う代表者には、解決に至れないときは、調停人が当事者にどちらが正しく、どちらが間違っているかを告げることを強調した。組合が調停を安易に使うのではないかと恐れる経営者には、会社が了承しない合意案を押しつける権限は調停人にないことを強調した。調停にもリスクはあるが、それは既存の制度のリスクに比べればずっと小さいことを関係者全員に主張した。ゴールドバーグが数え切れないくらい多くの会議を通して、労使双方の代表者たちに伝えようとしたメッセージは「石炭業界の不服処理のための既存の制度は不十分なものだ。労使は莫大な費用を裁定で失っており、未決ファイルにうず高く積まれた申し立ての山は、裁定人の判断が下りるまで何か月も待たねばならないことを意味している。鉱夫も会社側もこの状況では損失しかない。不満を解消されない鉱夫たちが頻繁に山猫ストを起こし、自らの賃金と会社の利益を奪うことになるからだ。不服調停はこの問題の直接解答にはならないかもしれないが、数か月間試してみるリスクはとるにたらず、しかも実際に機能した場合の潜在的なメリットはたいへん大きい。労使は時間と費用を節約できるだけでなく、解決手段を上達させ、よりよい関係を構築できるはずだ。だから、労使ともに調停を試してみるべきだ」。

こうした主張が功を奏し、彼らは徐々に乗ってきた。組合の利益は主として時間と費用の節約可能性にあり、経営者の利益は主に関係改善への期待にあることがわかってきた。その結果、理由は異なるものの、双方ともに実験に前向きになった。二八区と三〇区は共に六か月間の実験への参加に同意し、三〇区ではほとんど全社が、二八区では大手三社のうちの二社が実際に参加した。ここまでの参加を獲得した段階で、労働省が実験への資金提供を認めた。

開始から六か月間が過ぎようとしていたとき、二八区と三〇区の組合と参加していた会社が実験をもう六か月延長することに同意した。一連の会合を経て、一一区（インディアナ）と一二区（イリノイ）が実験を受け入れ、一一区の大手二社のうちの一社と一二区の三社が参加することになった。[10]

この実験への参加説得にかかった時間とエネルギーは驚くべきものだった。調停を受け入れさせる交渉には、調停手続の開発に要した時間の楽に二倍はかかっていた。労使協定の主任裁定人だったロルフ・ヴァルティンは、実に様々な面で協力を惜しまず、実験の最初の調停人の一人にもなってくれた。その後、彼は次のように記している。

> 炭鉱の不服調停は革新的な構想だった。民主主義の他の制度と同じように、団体交渉の伝統は革新的な考え方を両手を広げて歓迎するという風向きではなかった。この構想を離陸させるためには、プッシュし売り込まねばならなかった。調停という考え方も例外ではなかった。
>
> 確かにスティーブン（ゴールドバーグ）は机に向かい一生懸命に企画書を書いた。そして共に企画を練った仲間から励ましを受け、関心をもった労働省、さらには全国レベルの労使の一部の上級役員から応援があったのも事実だ。しかし、この構想が具体的行動になるには、それでもまだたりなかった。成し遂げなければならなかったのは、この構想の真の主役となる現場の代表者、炭鉱の労務担当者、炭鉱委員会、炭鉱監督者といった人たちに手続を受け入れさせることだった。彼らは実務重視の頑固《タフ》な性格で、プライド高き男たちゆえ、新しい構想を甘受する雰囲気はかけらもなかった。幾度となく会議が繰り返された。それは、改革案に対する懐疑心と短絡的な抵抗を吸収し、調停が試すに値することを明示し、提案した基本的なルールを変更、修正し、相手に有利なのではないかという恐れによる否定的態度を和らげることを目的とした熱心な説得だった。こうした努力がなければ、石炭業界に不服調停は芽生えなかったはずだし、この実例がなければ、他の団体交渉の場に調停が導入されることもなかっただろ

う。構想が基本的に優れている、というだけでは十分ではないのだ。(11)

改革を実行に移す

規定の調整と参加者の訓練

二八区と三〇区の組合と経営者たちが調停実験への参加に同意すると、ゴールドバーグは、規定を定めるため両者に会った。われわれはこの時までに調停規定案（付録参照）を作成しており、ゴールドバーグがこれを提示した。全体の中で、なかなか意見が合わず、かなりの議論を費やした唯一の規定は、申し立てをどう調停に送るかについてのものだった。規定案には両者の同意が必要だとしていたが、どうしてもという場合には、一方の同意がなくても他方は申し立てを調停に送れるという方法もとれる形にしていた。双方の同意が必要だとする主張は、双方が調停に同意していれば、一方が調停を求めていない場合よりも解決に至る可能性が高くなるはずだ、というものであり、反対意見は、同意を調停の条件にすると、調停が実行されなくなるのではないか、というものだった。つまり、調停の前段階での解決策交渉が不成功に終わり、敵対関係になってしまうと、互いに同意すること自体が不可能になる、と考えられたのである。結局、関係者は、申し立てを調停に送るには両者の同意が必要だとする条件を残して実験を開始した。

六か月後、二八区の関係者は、解雇案件を除くすべてのケースについて、両者の同意を必要とする条件を残して、申し立てを調停することにした。一一区と一二区もこの方式を取り入れた。

ゴールドバーグは、調停会議に出席できる組合代表の人数、会議に出るために発生する損失賃金は誰が支払うべきか、などについての見解の相違をそのつど調整した。しかし全体としては、規定案は大きな変更をせずに採用された。

次のステップは、調停する案件を選んで調停人に提示する労使双方の担当者との会合だった。会議のたびにゴールドバーグは、それまで調停経験がほとんどなかった参加者に、規定と手続を説明した。規定が十分に理解され、調停中に規定の解釈で対立が起きないようにしておきたかったのである。また調停では、労使協定の下でどちらが権利的に「正しく」どちらが「間違っている」かではなく、利益に集中するのだ、ということも強調した。目標はそれぞれの最も重要な利益を満たす解決を、交渉によって実現することだった。

ゴールドバーグは参加者が調停に義務感を持つようにしておきたかった。「自分が重要だと考えている権利を手放す覚悟などはいらない」しかし、「相手側が言うことと調停人が言うことを胸襟を開いて聞く心構えは必ずしてきてほしい」。さらに「相手側が自分の利益に合致する解決を受け入れるなら、自分もその解決案を受け入れる姿勢になっていなければならない」と説得した。調停が必ずしも容易に進むわけではないことも話した。「時には、自分の立場に勝ち目がなく、相手側も解決できそうな条件を出してこない、という事態があることも認識しておいてほしい。そのような状況でも、忍耐強く現実を見つめ、裁定に回さずに、自分側の人間が好まないような解決案を受け入れなければならないこともある」。当事者の不信感も理解できるが、だからといって調停努力から逃げるべきではない、とも語った。「相手側が誠意をもって調停に臨まないと決めつけてはならない。一つ二つのケースで相手を試してみよう。最悪の事態として解決に数百ドルが費やされるということもあるかもしれないが、その金額は裁定一回分の費用よりも安いはずだ」。ゴールドバーグは実務的な調停研修は行なわなかった。実は調停を教えるための教材がまだなかったのだ。この頃から、われわれは教材開発を進め、普及のための会合の一部で、調停の実演と協調型の調停研修を実施するようになった。

ゴールドバーグは参加者の動機づけも試みていた。調停では発言する機会があることも話していた。「調停では、証拠に関する法規を心配する必要はない。誰にも発言のチャンスがあり、自分の言いたいことを自分の言い方で述べることができる」。調停の結果は双方に満足のいくものとなるだろうとも話した。「双方が満足しなければ、合意は成立しない。だから実際に成立させた合意内容は、両者に満足のいくものとなる」。調停は裁定より、関係にソフトでもあった。「双方が受け入れうる合意を成立させるのは、どちらかが正しいとか間違っているかを裁定人に説得するより、困難な思いをしなくてすむ」。最後に、調停が成功する場合は取引コストが少なく、そのコストが何を意味するか、を指摘した。「満足できる解決を成立させようと本気になって調停に臨めば、ケースの四分の三は首尾よく解決できる。成功率は非常に高いのだ。だからこれが実現した場合、裁定に比べて総額いくら節約でき、その資金を他の目的に活用できることを考えてみてほしい」。

調停人の選抜と訓練

われわれは、調停手続の成否は、主に調停人の技量にかかっていると考えていた。当事者が解決案をうまく話し合えるよう補助できなければ、手続は失敗に終わるだろう。だから、当事者に推薦する中立の第三者の選抜には、かなりのエネルギーを費やした。不服調停手続の複合的な性質から、まずこの第三者を、主に調停の経験を積んだ者にすべきか、裁定で経験を積んだ者にすべきか（当時は中立の立場にあって、しかも両方の経験があるという人材はとても少なかった）を決めなければならなかった。それぞれの選択肢には強い賛否両論があった。石炭産業の裁定に実績があり、当事者もよく知っている人を使うことは、不服調停への参加者の動機づけになった。これは第三者に対する紛争当事者の信頼を促し、助言的判断に説得力も与えた。申し立てが最終的に裁定に送られる場合は、この助言的判断が正確だということを証明する可能性を高めるはずだった。一方、調停の実績のある第三者を使うことは、利益中心の交渉で効率的に解決を導き、参加者に交渉技術を教えるのに役立つはずだった。このジレンマを解消するため、初回の調停人の選抜は妥協型にした。第一の選抜規準は裁定経験があることとし、調停経験もある熟練裁定人から先に採用することにしたのである。

次に決めなければならないのは、調停人の選抜対象を、石炭産業の裁定におけるリーダー的な人材に絞るかどうかだった。有名な裁定人にという主張は、調停より裁定を選べという意味にもなったが、参加を促し、助言的判断への信頼性を増すはずだった。だが、それでは手続の潜在的な弱点を発見できないかもしれないという危険もあった。契約解釈の専門家だと認められる人材の場合のみ手続が成功するのなら、手続はあまり普及しないだろう。この実験グループの第三者を有名な専門家だけで構成した場合に、実際にそうなるかどうかはわからなかったが、後者の主張が正しければ、手続は浸透しない。だが、背景には長期にわたる激動の労使関係があり、調停経験がないと敵対的な当事者間の紛争を解決するのが難しいのは明らかだった。そこで、まずこの実験を初めの段階から成功させることに全力を投入すべきだ、と判断した。実験がこの時期を乗り越えたら、有名ではない第三者で実験する時間は十分にとれるだろうと考えたのである。事実、試みが成功してからこの変革を率いていったのは、有名な専門家だけではなかった。

われわれは、調停人全員にしかるべき分量のケースを負担してほしかったので、最初の二つの地域での実験には、調停人を四名だけ推薦することにした。このうち三人が受け入れられた。却下された一名は、経営者寄りだと三〇区が難色を示し、彼を外さなければ、三〇区は実験に参加しないという立場をとったためである。代わり指名された別の人物が承認され、三〇区も実験にとどまることになった。最初の実験の四名の調停人は、ジェームズ・シアース、デヴィッド・バックマン、ヴァルティン、そしてゴールドバーグだった。実験が一一区と一二区に拡大されたときには、トーマス・フェランとアンソニー・シニクロピが加わった。調停人はそれぞれが、石炭業界と他の産業でしかるべき裁定経験があり、六名中四名には幅広い領域での調停経験もあった。

われわれは実験開始前に会合をもち、調停規定を簡潔に話し合った。重視したのは、調停人の仕事とは当事者を利益中心の交渉に取り組ませることで、この手続を権利中心の助言型裁定として使わせることではない、ということだった。

不服調停の開始

石炭産業史上初の不服調停は、一九八〇年一一月三日、ヴァージニア州キャッスルウッドで行なわれた。紛争当事者は第二八区組合とクリンチフィールド石炭会社だった。問題は掘削機械の修理業務の契約が、別の会社に替えられたため、クリンチフィールドの従業員の仕事が奪われる、という組合支部の抗議に始まった。当事者の契約上の権利だけでなく、会社と組合双方の利益を合致させる代替案にも焦点を当て、広範な議論が行なわれた。いくつかの解決案が提出され、話し合いが進められた。当事者も解決案をまとめようとがんばっていた。しかし、最終的に合意は成立しなかったので、調停担当のベックマンが助言的判断を述べた。それは申し立てを取り下げよというものだった。組合はこれを受け入れず、問題を裁定に持ち込んだ。ところが、数か月後、あろうことか組合の訴えが正当だとする裁定が下されたのである。最初の調停は目も当てられぬ大失敗に思えた。当事者が解決策をまとめられなかっただけでなく、調停人の助言的判断が、裁定人の実際の判定と違っていたのだ。ゴールドバーグは動揺しつつも、当事者それぞれの代表者に電話し、感想を求めた。回答は意外なものだった。両者とも手続は十分に機能したと考えており、再度試したいというのだ。それだけでなく、組合代表は裁定人の決定に実は驚いているとさえ認めたのである。おおかたの予想は、この問題が調停人の予測のように裁定されるだろうというものだった。つまり、この実験のスタートは、われわれが初めにショックを受けたほどは悪くなかったのである。

その後、調停プロセスはわれわれが期待したように機能し始めた。『シカゴ・トリビューン』紙の記者ジェームズ・ウォーレンは、ある調停現場を次のように描いている。

怒りに燃えている鉱夫は、この国の抱える歩く核兵器のようだ。鉱夫ウェリントンは、不満をくすぶらせていた。快晴のある日、青々と豊かな緑に包まれた炭鉱の街。その一見平和な様子と、地下深く、非常に危険で汚れる仕事に仲間が従事しているという矛盾が、彼の激しい怒りの火種になった。

ウェリントンはトラクターを停め、その髭面で車道をゆったりと歩き、雇い主のオフィスに入っていった。この時彼は、別にベテランでもない鉱夫が自分の番を飛び越して、長期休暇期間中の効率の良い作業を与えてもらい、割りの良い休日手当をも与えられ、残業代まで払われていることに強い反感をもっていた。労務主任ゴッスマンからショットガン三丁分の距離に座り、ウェリントンはこう言った。「これはすべて、ゴッスマンがいかれているからだ」。

エイマックス石炭会社のワバッシュ炭鉱で、石炭産業で悪名高い暴力行為が、いままさに爆発するのか？　見かけによらず、答えはノーだ。ウェリントンもゴッスマンも、実は不服調停に取り組んでいるのだった（中略）。

ポイントは、ウェリントンのいう非公式の部分にあった。この炭鉱の職長の一人は、ウェリントンの割当作業日に二人分の休暇代行業務が必要となると考えた。そこでウェリントンには、その後の二交代分の休日出勤に関心があるかどうかだけを尋ねた。ウェリントンは、自分の担当をしっかりこなし、ヨソに食指を動かしたりせぬ誇り高い男だったので、これにノーと答えた。

そこで長期休暇の直前、会社は勤務シフトの三番目の空きを掲示板に張り出したが、誰もこれをウェリントンに伝えなかった。これがコトの背景だった。この仕事は後のシフトにあたることに同意していた彼より若い労働者が取っていた。

会社側は、二交代分の作業を辞退したウェリントンが、事実上、権利行使の意志がないことを告げたと反論した。後で一交代分の空きが出たことを、ウェリントンに特に通知していなかったことは認めたが、彼も掲示板をチェックすべきだろうと指摘した。

スラックスにスポーツシャツというカジュアルな服装の調停人が、ウェリントンを組合と会社側の役員たちに同席させ、全員に自分の立場を説明するよう求めた。そこには速記人はおらず、証人席もなかった。これは全く普段の会話のような形式で、くつろいだ雰囲気の中で進んだ。

ウェリントンは煙草を揉み消しながらこう言った。「文句はただ一つ、なぜ私が自分自身の作業シフトに呼ばれなかったか、ということだ。ゴッスマンの言う通り、第二、第三のシフトは断った。だけどそれは私がその作業にあたるべきではないと思ったからだ」。

調停人は管理者側に一旦席を外すよう求め、組合側にもっと詳しく話を聞き、このような混乱を今後避ける方法を学ぼうとした。調停人は次に組合側に退席を求め、管理者側を呼び戻し、ウェリントンが割当日を直接言われていないという事実で、調停人としては困っていることを慎重に示唆した。

「率直に申せば、この件が裁定に回れば会社側は負けると思います」と裁定経験も豊富な調停人が言った。

この時、彼はこの技術の重要なポイントを活用した。費用のかさむ裁定が最終的に何をもたらすかを示唆して、暗に圧力をかけたのである。これは労使協約にからむ圧力ポイントであり、本当の不服処理手続のない非組合員企業には実際には適用されない。

会社が裁定で負ける場合、ウェリントンが長期休暇中に間違いなく失ったとされる一七シフト分の賃金一八〇〇ドル（日曜日の三倍加算額を含む）を支払わなければならなくなる。ゴッスマンは「鉱夫が作業を拒否し、しかも金だけは取るというのでは、いただけない」と繰り返した。

調停人は辛抱強かった。組合にはどんな不手際も、あくまで不注意によるものであることを認めさせようと努めた。そして裁定になれば組合にも弱点があることを指摘した。ウェリントンが掲示板を見ていなかったことである。

二時間ほどたったところで、両者は最初の強硬姿勢からゆっくりと歩み寄り始めた。そしてやっと合意がまとまった。ウェリントンには九シフト分の一〇〇〇ドルが支払われ、諸々の手続が、今後の長期休暇中の勤務のために改善されることになった。

組合役員ティゲットは、裁定を回避したことで、裁定の際に喚問される証人たちの損失賃金も含め、経費節減は二〇〇〇ドルと見積もった。ゴッスマンと炭鉱の管理職ガルシアは、一五〇〇ドルの節約になったと計算した。そして、両者は調停人の日当六〇〇ドルを折半した。この日当は、調停人が一日何件の問題を処理しても同額である（この日は二件の調停を行なった）。

しかし、ここには節約金額以上に重要なことがあった。「調停の後、あなたはわれわれの口の中に不快感を残さなかった」とガルシアが言った。「裁定は半ば敵対的な環境で、勝つか負けるかの状況を生む。そうなると連中はあなたの前でうっぷんを晴らそうとするはずだ」。

「労務担当者には、裁定の勝敗成績を自分の腕に入れ墨で記録している連中がごろごろいる」とゴッスマンが言った。「しかし、従業員との関係を保っていくことも重要なのだ」。彼は七三九人の時給雇用の従業員を抱えながら、過去三年間ただの一度も不服を裁定送りにしていないことを誇りにしていた。

「調停なら、単に第三者が言ったからというのではなく、両者がきちんと同意できる解決を得られる」とティゲットは語る。「しかも裁定では勝った場合でさえ、嫌な感情が残るものだ。私はこの調停手続に最高点をつけるよ」。(12)

基準を整理する

不服調停が始まった頃は、ゴールドバーグは手続をモニターし、プロセスをスムーズに機能させるのに必要な変更を施せるようにしていた。本人もすべての実験参加地区で定期的に調停を行ない、参加者の交渉スキルを観察し、意見もしていた。参加者とは感想、批判、提案を話し合った。その頃には調停の場に顔を出さなくなっていた組合、会社の代表者たちとは電話で同じような対話をし、手続の活用を促した。

ゴールドバーグは、最初の二年間は六か月ごとに、各地区でフィードバック会議を開いた。この会議ではブレットと共に、それまでの六か月間の統計報告を参加者に配布した。この報告書には全編を通じて、高い解決率とかなりの額の経費節減が示されていた。こうした成果が、関係者が調停を継続する動機づけになった。参加者も、過去六か月間に生じた問題点を話し合う場としてこの機会を活用した。たとえば、二八区の関係者は、調停が十分に活用されていないことを心配していた。フィードバック会議でかなりの議論を重ね、彼らは次のルールを採用することにした。どんな不服申し立ても（解雇のケースを除き）、当時者がまず調停を試してからでなければ、裁定に回すことができない、というものである。この会議の場で時々発生した問題は、調停人の成績だった。これについては、特定の調停人の仕事ぶりへの不満がつのった場合は、（ゴールドバーグを通じ）改善点についての意見を受け入れるか、または交替させることになった。

われわれは、調停人たちとのフィードバック会議も開いた。これは問題点を話し合う場となり、調停技術を開発する機会となり、調停人の間の使命感を高める手段となった。ゴールドバーグは、他の手段も使いながら調停人と連絡を取っていた。新しい調停人がこの仕事に加わったときは電話をかけ、初日の調停後、当人の体験について話し、質問に答え、解決しなかった場合でも安心させようとしていた。ゴールドバーグは、特に創造的な解決を報告してきた調停人には電話をかけ、その解決策について議論し、努力をねぎらう手紙を送った。(13)

成果を評価する

実験の結果

この実験はあらゆる点で成功だった。最初の六か月間に開かれた二五の調停のうち二三で解決がもたらされ、一二か月間では一五三のうち一三六（八九％）が解決した。解決の五一％は双方の妥協によるもの

で、一五％が組合側の申し立てを取り下げ、七％は会社側が申し立てを受諾するものだった。(14)

最初の二四か月期末には、参加者の満足度を調査した。調停と裁定を経験した会社の労務担当代表、地区組合役員、会社の業務担当者、組合支部役員、申し立て本人、の五グループの人々を対象に質問した結果、全グループの大多数が裁定より調停を好んでいるのがわかった。現場レベルでは特にこれが強く、会社の業務担当者では七人中六人が、組合役員八人中七人が調停を好んでいた。

調停は、不服処理手続の初期の段階では起動せず、ガイド的に扱われていることも発見された。当事者は不服手続の初期の段階で解決されるケースは調停せず、裁定に回されそうなケースだけを調停していた。従って、調停の導入後も、第三段階での解決率が大きく下がることはなかった。例外は二八区で、実験二期目の六か月間、以前なら第三段階に回されていたような不服の一部が調停段階で解決されていた。その後は第三段階での解決率は実験前に戻り、同じかそれ以上の高率で展開した。(15)

調停によって節減された費用と時間は大きかった。調停一件あたりの平均費用（調停人の手数料と経費）は二九五ドルで、裁定にかかる平均費用の三分の一以下だった（裁定の平均費用は裁定人の手数料と経費で、実験期間中の対象地区では一件一〇三四ドルだった）。調停が要請され、調停会議が招集され（ほぼすべての不服が解決され）るまでの期間は平均一五日間だった。これに対して、裁定が要請され、裁定人の決定が下されるまでには平均一〇九日もかかっていた。

実験期間中も後も、申し立てを調停や裁定で解決しないのが公正な代表義務違反だと組合が訴えられることはなかった。事実、多くのケースでは、代表の公正義務に関する訴訟は調停中は停止され、調停で得られた解決策がその訴訟の解決も折り込んでいた。こうしたケースの中には、調停によって、それまで提示されていた解決案より良い内容が申立人に与えられることがあった。それ以外では、提示された解決がより良いとはいえないのに、自分の主張を担当の中立者に説明し、自分の要求が通らないとの中立者の見解を聞いた後は、その要求も訴えも自ら取り下げるということさえあった。

調停の最初の一二か月間では、参加者が利益型交渉を他の場でも使うような刺激になっているとか、全体的な関係が改善されているという確信はまだもてなかった。調停が生まれるずっと前から、当事者は敵対的な流儀で相手に接してきたし、それぞれの会社や組合担当者の一二か月間の調停経験も限られたものだった。会社側の労務担当者と組合の地区代表者以外、この期間に五回以上、調停に参加した人はいなかった。調停という問題解決型交渉の体験から、紛争処理手続や関係全体に変化が現れるのなら、さらに実験が必要なはずだった。

貴重な実験が行なわれて何年かが過ぎた。調停が試されてから六年ほどたった一九八六年はじめ、われわれは調査を行なった。全員ではなかったが、参加者のかなりの人たちが、調停は時間がたつにつれて、労使双方の紛争解決スキルに影響を与えたと思っていた。一人の地区組合代表がこう言った。「みんな今では、妨害工作でなく、問題解決を目指している。態度は大きく変わった。第二段階や第三段階も、以前のように閉鎖的ではなくなった」。ある会社の労務部長は次のように報告している「ある炭坑では、調停のヒアリングが数回成功した後、炭坑長と炭坑委員会が調停には戻らない、と報告してきた。他人が見ているだけで自分たちの問題がうまく解決できるのなら、別に第三者がいなくても自分たちだけで現場で同じように解決できるはずだ。この意識は強かった」。調停は不服解決手続の他のところにも影響を与えた。ある参加者たちによれば、いくつかの炭坑の労使関係は攻撃的でなくなり、ずっと協調的になったという。ある組合代表が言った。「いつもとは言わないが、調停は物事が話し合いで解決できることを証明した」。

山猫ストの頻度に対する調停の効果はわからなかった。調停が導入されてから山猫ストは減ったが、調停が用いられていないところでも、ほぼ同じくらいの減少がみられたからだ。これは一般に、労使関係の改善、不景気、この業界の雇用減によるものだと考えられる。参加者の中には、調停がすぐに使え、双方が受け入れられる成果を導けることが直接、ストライキの脅威を抑制しているのだ、という人たちもいた。調停によって労使のコミュニケーションが改善されたことで、ストライキが間接的に抑止されている、という意見も多かった。

不服調停の効果に対する制約

われわれの懸念とは裏腹に、裁定経験のない第三者が行なった調停も効果的に機能することがわかった。こちらの求めで、調停人には裁定の経験は五回以下だが調停経験は豊富な人を採用した。これらの調停人は、助言的判断を用いず、調停に関する自らの専門知識だけで、当事者が利益中心の解決を成立させるのを補助した。結果的に彼らの解決率は、実験の開始から携わっていた調停人と同じくらい高かった。

さらに、解決には労使の代表者間の関係は非常に重要だが、労使全体の関係の良し悪しの影響はそれほどでもないことがわかった。互いに誠意をもって対処しようとすれば、それぞれが代理している当事者の関係が敵対的であっても、解決に至ることができた。ただし、この点についてはまだ調査が必要だった。労使関係が全般的に悪ければ、労使は調停を放棄するだろうし、合意するのは当事者の代理でも、合意内容を実行するのは当事者自身なのだ。その当事者間の関係が悪ければ、合意が双方の満足する形で実行されないことも多い。そうなると、合意を目指す手続への関心は、一方ないし両方から失われるだろう。それで調停をやめた炭坑もあるし、会社全体で調停を中止したところもある。

なぜ成功したのか

不服調停手続を改良し、普及させるためには、実験の成功はもとより、成功の理由が何なのかを知る必要があった。解答の一つは、代表者たちが調停人の見解を信頼し、申し立て内容が自分側にとって不利だといわれると、裁定まで闘争を続けようとしなくなることだった。たとえば、調停人の多くは次のような経験をしていた。組合との個別会談のなかで、組合代表が調停人に助言的判断を求めた。調停人は、このケースでは組合が押し切れるチャンスはほとんどないと答えた。組合代表は申立人に次のように言うのである「君にずっと言おうとしていたんだが、これ以上は無理らしいぞ」。この時点で、申し立ては取り下げられるか、本人の期待が弱まることで急速に解決に向かう。

手続の成功に貢献した二番目の要因は、それぞれの利益を中心にして問題点を話し合おうとする気持ちが当事者たちにあったことである。その際、契約にこだわることはほとんどなく、あってもごくわずかだった。参加者はこの点を特に強調していた。われわれの最初の調査では、参加者がほとんどの案件の調停に成功したのは、この利益中心のアプローチのためだった。たとえば、ある会社の代表者は次のように語っている。「私はこのインフォーマルなところが好きだ。おかげで、法律を振りかざして敵対するのではなく、話し合いによって問題を解決しようとする雰囲気が関係者間に生まれている。この種の問題に対処するには、この方がずっと良い」。一九八六年調査でも、参加者は同じような感想を述べている。裏に別の問題がある申し立てを処理するには、裁定より調停が優れていると彼らは口をそろえる。ある組合代表は次のように言う。「調停がベストだという理由の一つは、申し立てた問題だけでなく、裏にある不満も解消してくれることだ」。別の組合代表者はこう言った。「私が処理する申し立てのうち、七〇％には裏の問題がある。裁定ではその種の状況を解決するチャンスがないが、調停なら対処できる」。ある会社の労務部長はこう付け加えた。「調停は性格の対立まで掘り起こし、裏の問題にも対処するが、裁定ではそこまでは処理できない」。

第三の要因は結果への満足度である。参加者の大多数が、調停は裁定よりも満足度の高い成果になるという。理由は、調停では「両者が腹の中で本当に思っていることにしっかり踏み込む（企業労務コンサルタント）」ことや、解決案が第三者ではなく、当事者によって考案されることなどだった。「解決策とその表し方に強い影響力を持っている。裁定規則のように難解な法律用語は使わないのだ」（組合代表）。ある会社の労務部長も次のように指摘した。「解決したという満足感が、不服処理手続に対する双方の自信を強める」。

第四は、調停が参加者の発言力と把握感覚を強めたことである。調停人たちは、申立人と組合役員が裁定の手続上の制約や証拠に関する規則から解放され、一般的な裁定より役割が強まり、申し立てを自分たちのものとして扱えた、と報告した。参加者も、一般的には裁定の判決を承諾するより、調停解決に従う方が簡単だと言っていた。これは、当事者が解決案の作成を補助し、内容を理解していることが多いということと、既にそれに従うことに同意していることがあげられる。「調停は『やった、やっつけたぞ！』という態度ではなく、合意のためのものだ。裁定判決に従う時ほどの努力はいらない」（企業労務コンサルタント）。「調停では、結びつきへの実感があって、それで当事者たちがやってみよう、となるのだ」（炭鉱の労務部長）。

この手法は全体としては成功していたが、批判の声も少しあった。ある会社代表は、調停人が何度も会社に不利な解決を押しつけていた、と不満を述べた。別の会社代表は「会社の上の方は、もっと組合側に譲歩させたかったが、調停人は会社側の譲歩ばかり求めていた」と言った。また他の経営者側の代表からは「調停人は一方が本当に望んでいなければ、解決案を強いるべきではない」、「調停人は、契約内容は全く無視して、ただ解決させたがっているかのようだった」などの声もあった。こうした批判は、契約交渉の調停で聞かれたもので、やむをえないと思う。調停人の解決率は、目に見える唯一の能力尺度になるので、調停人も解決を成立させることに力が入るからだ。しかし相手の立場で見れば、不満足な解決は、不成立よりも悪い。だから、緊張が生まれる。しかも、多くの解決が会社側に組合への譲歩を要求する項目もあるので、調停人の圧力は会社側には分が悪く思われるのだろう。しかし、当事者が調停にもっと慣れて、調停人の圧力に適切に対抗する能力を培うようになれば、この問題は消えるだろう。

引き続き調停を使う

最初の実験の参加者のうち、地区組合すべてとほとんどの会社が調停手続を保持している。第三〇区では散発的にしか用いられていないものの、調停が用いられると、裁定の前段階で、ことごとく問題が解決されている。一九八八年六月までに、石炭業界全体で八二七件の不服申し立てが調停されており、裁定になったのは二〇％のみである。費用と時間もどんどん節減されていた。一九八〇年一一月から一九八八年六月までに調停にかかった平均費用は、一件あたり三三〇ドルで、裁定の平均費用（一六九二ドル）の二割以下だった。[16] 同時期、調停が要請されて最終的な解決に至るまでの時間は二四日間だった。裁定についてては同時期の比較できる数字はないが、一九八〇から八一年の平均が一〇九日間だったことと比べれば、調停の方が明らかに短期間で決着していたと言える。

一九八一から八二年期の実験に参加した大手のうち二社は、それぞれ一九八三年と一九八四年に手を引くことになった。一社では、最高業務責任者が、調停は裁定よりも低費用で速いため、組合がこれを使い、彼の経営上の自由独立性を妨害している、と考えたからである。[17] もう一社では、再選を目指す組合代表が、組合員から反感を買うのを恐れ、弱いケースもごり押しするなど、調停で非合理的な立ち回りをしたと会社側の労務担当者が考えたためである。ここでは結局、申し立ては解決されないか、会社にとって一方的に不利だとしか考えられない条件でしか収まらなかった。[18]

撤収

われわれの目標の一つは、ゴールドバーグが石炭産業に導入し、指導してきた手続を、当事者のものとし、当事者自身が好ましいと思って使い、こちらが目を放しても使い続けられる手続に変換し、定着させることだった。この目標を実現するために、ゴールドバーグは調停を担当しなくなり、われわれも一つの地区を除きフィードバック会議から段階的に身を引いていった。努力が実りつつあることを示す実績もかなり積まれていた。一九八〇年に調停が始まった組合と会社での指導者的立場は大きく変化していた。ゴールドバーグが最初に取り組んだ組織で、まだ彼に頼り切っているところはもうわずかだった。こうした変化があっても調停は存続した。これは調停が、紛争解決の仕組の一部として制度化されつつあることを示す一つの証左であった。

自らの存在をできるだけ薄めようとしている間も、われわれは調停を効果的に運用するために必要な資源は提供し続けた。一九八三年には、調停の管理に必要なこまごました業務を処理するために、非営利法人、調停研究教育プロジェクト社ＭＲＥＰ（Mediation Research and Education Project, Inc.）を設立した。[19] ＭＲ

ＥＰのオフィスでは調停の要請を受けると、それに応じて調停人を派遣し、調停の効果を評価するためのデータの収集と分析を行なっている。

普及

石炭産業内への普及

われわれの当初の目標は、労務関係の不服調停を業界全体に採用させることで、石炭産業全体の紛争解決システムを変えることだった。これを達成しようという努力は続けられていた。ヴァルティン、ホブグッド、ゴールドバーグの三名は、公的には石炭業界の諸々の会議で、私的には組合と会社の役員の前で、調停手続とその実績について発表を繰り返した。そしてわれわれは、労使の共同会議と個別会議の両方において、調停に参加した会社側の人間と組合側の人間に、経験を語らせるようにした。それに調停を考えている人たちには、実際の調停の場を観察するよう説得し、事実、多くの人が実務を見学した。

こうした努力の成果には、長所と短所が混在していた。プラスは、一九八四年と一九八八年のＵＭＷＡと石炭会社間の全国労働協約の団体交渉の場で調停が公認されたことである。この結果、地区としては実験には参加したが、協約にない手続はやはり難があるとして採用しなかったところで、いくつかの組合支部が調停を使うことになった。それでも最近までは、調停は実験に参加した四地区以外ではほとんど使われていなかった。一九八二年から八四年には、一七区と二九区（両区ともウエスト・ヴァージニア州）では約二一五件の調停が行なわれた。そのうち二〇件が収拾した。しかし、理由はわからないのだが、どちらの地区も調停を不服処理手続の一部には加えなかった。一九八六年は、五区（ペンシルヴァニア州）とベス・エナジー石炭社が不服の調停を始めた。一九八七年から八八年には、二〇区（アラバマ州）とこの地区にある大手三社の間で調停協定がスタートした。この時点で、UMWA全二二区のうち八区で調停が用いられていたことになる。

別の産業への普及

一九七〇年代の石炭産業では、裁定が行なわれる率は米国の全産業の中で最も高かったが、その他のいくつかの産業や労使関係においても、裁定率が必要以上に高いと思われるところがある。たとえば、鉄道産業や連邦郵便事業はともに、不服処理のための裁定が不必要と思えるほど多い[20]。裁定が過剰ではないところでも、効率の悪さがしばしば批判される。裁定の費用の高さ、遅延、あまりにも形式張ったプロセスへの不満は昔からあり、労使関係の文献でも定番項目になっている[21]。

権利型の裁定への労使の依存度を和らげ、もっと利益重視のアプローチを選ぶようにすすめてやれば、不服調停は他の産業でも有効だとわれわれは信じていた。一九八二年が明けると、われわれは調停の体験に関心をもってくれそうな他の産業を探した。こうした努力は徐々に実り、不服・苦情調停は製造業、通信、都市交通、小売、石油精製、電力、地方政府、公立教育機関と多くの産業に広がっている。

こうした産業で調停を始動させる際のわれわれの役割は、実に多彩だった。労使がわれわれの講演や論文に触発され、しかしこちらには直接的な接触のないまま、彼ら独自の不服調停手続をがんばって進めるというケースは象徴的だった。このような形で普及するのが、最も効果的なのだ。特に、プロセスが自分たちのものだという意識が初めからあるので、調停が制度化される見込みが最も高くなる。別のケースでは、経営者か組合が基本的な契約条項、調停のルール一式、調停の始め方についての提案を求めてきた。その後は、こちらからはそれ以上の関与はなく、彼らが自分たちのための手続を策定し、実行していた。石炭産業で行なったのと同じような実質的な役割を、われわれが演じているケースもあった。一方か双方の招きによって、ルールと手続を確立する制度策定者として働いたのである。

当事者が、調停モデルを彼らの関係に合うように修正するケースもよくあった。たとえば、必ず弁護士が裁定を担当していた場所で、当事者がその弁護士を調停に活用しようとしたケースがある。そこでは弁護士から有利な助言的判断を得ることに集中しすぎ、それぞれの利益を満たすような成果を探そうとせず、調停が権利型の手続になることを恐れたので、当事者は助言型判断を求めない方式にすることに決めた。別のところでは、調停の必要な事案はわずかしかなさそうでも、当事者が調停をたいへん重視していた。ここではある調停人を採用することになり、担当者はすべての案件について、当事者のニーズと利害関係に実に詳しくなっていった。

石炭産業の枠を越えて不服調停を広めようとする努力を阻む要素の一つに、数人の弁護士からの反発があった。この抵抗は、不服調停が特定の依頼人の最大利益に合わないという思い込みによるものだったが、他の要因も絡んでいた。最近まで、調停について何がしかの教育を行なっている法学部・法科大学院《ロー・スクール》はほとんどなかった。弁護士の多くがこのプロセスを理解しておらず、調停に関わった経験もなかった。結果的に、調停には半信半疑で、依頼人にこれを試すよう促すこともない。さらに、労務担当の弁護士の多くは、裁定で会社側か組合側を代理する仕事で収入の大部分を得ていたから、不服調停では弁護士が当事者の代理をすることはほとんどないため、収入源が脅かされていたのだ。[22]

他の産業で採用された調停の成果は、石炭産業での結果と大体同じだった。一九八三年五月から一九八八年六月までの間に、石炭以外の産業で二七六の不服が調停され、その八一％が解決され、裁定はなかった。調停の平均費用（調停人の料金と諸経費）は一件あたり四三五ドルであり、裁定の平均費用の約三割にすぎなかった。調停が要請されてから最終的な解決に至るまでの時間は平均六日間で、裁定の約一割で済んでいた。(23)

結論

われわれの当初の目的は、利益型の調停を進めることで、石炭産業における費用の高い裁定の利用を減らすことだった。調停が採用されたところでは、この目標は完全に達成できた。次の課題は産業全体への普及だった。一九八一年からは、不服調停はここよりも他の産業でどんどん広まっていった。

もしわれわれが診断と策定の段階で、関係者の代表を関与させていれば、石炭産業でも調停がもっと速く広まったのではないか、という単純明快な問いもある。確かにそうしていれば、状況は違っていたかもしれない。他の産業では、調停を確立する段階に当事者が関わっている場合には、彼らが手続普及の段階で積極的に動いた。これは、不服調停のわれわれ自身の経験と同じように、制度策定の努力には、最初から関係者を関与させるのがいかに重要かということである。

それでも未来は明るい。こちらが直接関わらなくても、自発的に不服調停を採用する会社と組合がどんどん増えており、触媒作用のように構想が浸透しているのである。低コストで速やかに不服を解決し、満足度の高い大きな成功を収めている。もっと多くの企業と組合がこの成功を学べば、不服調停はもっと活用されるようになるだろう。

第8章 結論
――解決制度の策定が約束すること

五つのポイント

(1) フレームワーク：利益、権利、権力

本書は、紛争解決のプロセスを理解するためのシンプルな枠組を提示した。紛争を解決する三つの主な方式は、根本的な利害関係を調整すること、誰に権利があるかを決めること、あるいは誰がより強力かを決めることである。この枠組から、質の異なる紛争解決手続を、交渉、訴訟、ストライキのように分類できるだけでなく、その相関性も見えてくる。

われわれの基本理解は、利益に焦点を絞る方が、権利に注目するよりも全体的なコストは低く、メリットも大きく、権利を中心とする方が、権力に依存するよりコストが低く、メリットが大きい、ということである。最も直接的な処方箋は、可能ならどこでも、当事者に利害関係を調整して紛争を解決するように

させなさい、それが無理なら、権利や権力を決める低コストの方法を用いなさい、である。

このフレームワークは、ごく簡潔な概念で、紛争解決のプロセス改善にはどうすべきかという課題の大部分をカバーしているところに強みがある。権力に重点を置き、堅い陣地固めで攻め合う旧来の折衝を、利害関係を創造的に調整することに重点を置く、問題解決型のネゴシエーションに交換せよ。最近提案される交渉様式のほとんどがこの形だ。同様に、代替的紛争解決を薦める動向も、訴訟のような権利手続を、問題解決型交渉や調停のような利益中心の手続に置き換えることを主張している。

このフレームワークは、本書で取り上げたタイプ以外の紛争解決制度にも応用できる。紛争を暴力ではなく法律によって治める仕組を整えるのは、社会レベルでの権力型から権利型への移行の具体例である。これは大多数の国家の内部ではずいぶん前進したが、国家間ではまだまだ未熟である。同じように、民主的な制度とは、クーデターや革命のような高コストの権力闘争を、定期選挙や国会での討論のように低コストの闘争に換える努力のことである。選挙は権力を決めるためのコストが抑えられるだけでなく、人々の利益を重視するものでもある。(1) つまり、コンフリクトのコストを削減する規模の大きな諸努力も、この枠組に収まるのである。

(2) 目標：コスト削減と利益拡大

本書は、紛争解決にかかる諸々のコストを削減する方法について述べた。不毛な口論に浪費される時間、訴訟やストライキに費やされる膨大な費用、大切な関係が傷つけられることなどがコストだった。組織では、このコストは生産性や業績の低下となって現れる。人間関係では、不満やストレスになる。最悪の事態に備え、制度策定で予防しようとするのは、離婚、工場閉鎖、生命や身体へのダメージ、そして戦争という無意味な破壊がもたらすコストである。

本書は、紛争からできるだけ多くの可能性を掘り起こすことも述べている。コンフリクトの発生は、実はあらゆる関係や組織ではノーマルなことなのである。紛争の効果的解決は、人を成長させ、組織を改革する。解決策は、直接の紛争当事者だけでなく、同じ問題で影響を受ける他の人たちにも相互利益をもたらす。難しいトレード・オフが成立し、決断が下される。緊張がほぐれ、関係が強まる。これらが生産性と業績の改善につながる。

(3) 手段：紛争解決制度の策定

本書は、コスト削減と利益拡大を実現するための実践的な方法を提示した。どんな関係や組織も定期的な紛争解決診断からメリットを得られる。起こっている紛争のタイプ、紛争の処理様式、なぜ今の手続が用いられているのか、を検討するのが診断である。診断で改善の余地が認められたら、次は制度策定である。つまり、手続の追加や改定、手続を使う人への動機づけ、技術の育成、資源の供給などだ。制度から攻めることで個別紛争だけでなく、あらゆる組織や関係に発生する一連の紛争に対処できる。

こうした診断は、関係や組織を構築する前の段階でも、着実に行なうことができる。弁護士と依頼人、組合役員と経営幹部、条約交渉中の外交官、契約業務の現場にいる人などはすべて、利益を中心に紛争を解決する制度を事前に整えることを考えるべきだ。

本書では、効果的な紛争解決制度を設計するための六つの原則を提示した。核心となる第一の原則は、利益型の交渉と調停の活用を促し、利害調整に重点をおくこと。第二は、紛争当事者の意識を権利・権力から交渉に導く「ループバック」手続を準備すること。第三は、利益中心の手続が失敗した場合の「予備《バック》手段《アップ》」として、低コストの権利・権力手続を準備すること。第四原則は予防である。紛争が起こる前にそれを回避するための協議を、起きてしまったら、将来同じような紛争が起こるのを防止するためのフィードバックを組み込むこと。第五原則は、すべての手続を、低コストから高コストの順で整備すること。第六原則は、そうした手続を機能させるのに必要な動機づけ、スキル、資源を供給することだった。この六つの策定原則が、コンフリクトによるコストを削減し、潜在的なメリットを実現させるための統合的な戦略を形成するのである。

(4) 応用：不可避のコンフリクトを管理し、戦いを予防する

コンフリクト解決という領域は、理想郷を語るだけだと批判されることがある。その理由には、労使間の対立や、アラブとイスラエルの紛争など解決できていない事例が指摘される。これらは確かに難しい問題だ。だが、紛争解決制度の策定は、実務的な対処法を提供しようとするものであり、目標とするのは対立の除去ではなく、コンフリクトが引き起こす紛争を低コストで解決しようということである。

制度策定は紛争がエスカレートし、戦争や戦争に等しい事態になるのを予防するのにも役立つ。古いエチオピアの諺に曰く「蜘蛛の巣も、重ねれば獅子をも捕らえる」。優れた紛争解決制度は、何層にも連なるセーフティ・ネットからなる。交渉の後には、調停、助言型裁定、裁定、第三者介入などが用意されている。いずれも危険な対立が取り返しのつかない損傷をもたらす前にからめ取ろうとするものだ。狙いは紛

争を早いうちに摘み取ることである。一つの手続が失敗しても、次の手続が待機しているのだ。

効果的な紛争解決制度は、暴力や戦争が避けられないときはこれも認めることもある。ただしコストはあくまで最少に抑える。究極的な課題は、実用的な紛争解決の仕組を、家族や組織だけでなく、国家間の関係にも配備することだ。世界がますます相互依存度を高め、同時に不安定感を増す中で、われわれの生存は最終的な権力闘争、核戦争ではなく、互いの相違点を解決するためのより良い手段を見つけられるかどうかにかかっている。

(5) 新たに現れた領域

以上の提言はあくまでも第一歩にすぎない。紛争解決制度は理論と実践両面での発展が必要だ。この領域は新しく、未熟である。将来、制度策定は調停や裁定のように確立され、紛争解決手続の仲間入りをするだろう。そして、専門的職業と認められる日も来るだろう。管理職、弁護士、外交官をはじめ多くの人たちにとって、制度策定は七つ道具の一つとして必須の能力となるはずだ。今日の交渉力のように。

付録

石炭産業における不服調停のモデル規則（一九八〇年）

1 不服に関する調停は、組合の代表と会社の代表が共同で調停を要請するときのみ、具体的日程が定まる。

2 調停要請は、第三段階のミーティングから五日以内に出さなければならない。

3 調停会議は、組合所在地域の中心地で開催される。

4 不服申立人には、調停会議に出席する権利がある。

5 各々の当事者は、調停人の前でそれぞれの立場を説明するために一名の代理人をおける。

6 各当事者の代理人は、事実、争点、各々の立場を支持する主張に関する、簡潔な中立文書を出すことが望ましい。ただし、必須ではない。中立がそうした文書で示されない場合は、調停会議の冒頭で、口頭により提示する。

7 調停人に提示するあらゆる文書は、調停会議終了時には提出者に返還する。

8 調停人への手続は、性質上、非公式のものとすべきである。証拠の提示は不服処理手続の第二、第三段階で示されたものに限定せず、証拠に関する規則は適用しない。調停会議の議事録も残さない。

9 調停人には、当事者と個別に会う権限はあるが、不服に関する解決策を強制する権限はない。

10 調停会議で解決が成立しない場合は、その場で調停人が口頭で助言的判断を与える。

11 調停人は、与える助言的判断の根拠を述べる。

12 調停人の助言的判断が当事者双方に受け入れられても、双方が条件にしない限り、それを前例にはしない。

13 調停で解決が成立しない場合は、両者は裁定を選べる。そのとき、裁定は調停会議から一〇日以内に要請しなければならない。

14 調停されていた不服が裁定に回されることになった場合は、調停人が裁定人になることはない。調停人の言動は、裁定では言及されない。調停会議での両当事者の言動は、裁定では言及されない。

15 一人の調停人が担当できる調停会議は、一日三回までとする。各調停会議は、二時間半を超えてはならない。

16 調停人の手数料は、調停会議一回あたり一五〇ドルプラス経費とする。手数料と経費は、当事者が均等に負担する。

17 不服に関する調停の日程が組まれてから、延期ないし取り消された場合は、延期ないし取り消された不服の代わりに他の不服が出されないかぎりは、第一六項で明記した金額を負担する。

注

序文

(1) Kochan, T.A., Katz, H.C., and McKersie, R.B. *The Transformation of American Industrial Relations*. New York, Basic Books, 1986, pp.91-93.

(2) インターナショナル・ハーベスター社に関する記述については、McKersie, R.B., and Shropshire, W.W. "Avoiding Written Grievances: A Successful Program," *Journal of Business*, 1962, 35, 135-152.

(3) International Business Machines Corporation v. Fujitsu Limited, American Arbitration Association, Commercial Arbitration Tribunal, Case No. 13-I-117-0636-85 (Sept. 15, 1987).

(4) Davis, A.M. "Dispute Resolution at an Early Age," *Negotiation Journal*, 1986, 2, 287-298.

(5) Merry, S.E. "The Culture and Practice of Mediation in Parent-Child Conflicts." *Negotiation Journal*, 1987, 3, 411-422.

(6) クリークという名称は仮名である。

第1章

(1) 性差的用語をそのまま使うか、それを避けてぎこちない表現になるかという厄介な問題を解決するため、われわれは男性的代名詞と女性的代名詞を交互に用いることにした。

(2) この定義は次にならった。Ffelstiner, W.L.F., Abel, R.L., and Strat, A. "The Emergence and Transformation of Disputes: Naming, Blaming, Claiming." *Law and Society Review*, 1980-81, 15, 631-654. この論文では、紛争と紛争の発生様式に関する興味深い議論が行なわれている。

(3) 上掲書参照。

(4) 紛争の処理、管理、対処ではなく、紛争の解決という言い方を用いるが、解決とは、紛争の根本にあるコンフリクトに対して、必ず最終結果を出すという意味ではない。また一度解決された紛争の解消状態が続くというわけでもない。事実われわれは、紛争解決のアプローチの規準の一つとして、紛争が解決されたように見えた後に同じ問題が発生する頻度のチェックをあげている。Merry, S.E., "Disputing without Culture." *Harvard Law Review*, 1987, 100, 2057–2073; Sarat, A. "The New Formalism' in Disputing and Dispute Processing." *Law and Society Review*, 1988, 21, 695–715.

（5）利益中心型交渉についての広範な議論は、Fisher, R., and Ury, W.L. *Getting to Yes*. Boston, Houghton Mifflin, 1981, およびLax, D.A., and Sebenius, J.K. *The Manager as a Negotiator*, New York, Free Press, 1986. 参照。

（6）Goldberg, S.B., and Sander, F.E.A. "Saying You're Sorry." *Negotiation Journal*, 1987, 3, 221–224.

（7）権利の定義には、法的な資格権利と広く受け入れられている公正基準の両方を含めており、われわれは権利という用語を、一般に理解されている意味より拡大して使っている。その理由は、紛争解決の基準として法的資格や、広く受け入れられている公正基準を使う手続は、紛争当事者の隠れた利害関係よりも、規範的な基準の下での各々の資格権利に焦点をあてるからである。これは法的権利を扱う裁判についても、法的権利や広く受け入れられている標準を扱う利益中心型の交渉についても同じである。この後提示するように、規範的な基準を中心とする手続は、利益を中心とする手続よりコストがかかること、それにわれわれの意識の重心がメリットの実現と同時にコストの削減にあることから、法的権利と他の規範的基準、それにそれぞれを基本とする手続を密接して扱うのが便利だと考えている。

（8）法廷による決定の背後には強制力があるため、裁判手続が決めるのは、誰が正しいかだけでなく誰により大きな権力があるかという部分もある。法的権利の背後には権力があるのだ。だがそれでも、裁判の明確な焦点は誰に権利があるかであり、誰が強いかではないから、われわれは裁判を権利手続だと考える。権利、特に法的権利は権力を付与するのだが、紛争解決の手段として権利を中心とする手続は、権力を中心にする手続よりコストがかからない。裁判のような権利型の対立は、当事者が規範的基準の下で優位に立つことが焦点になり、相手にダメージを与えることが焦点になるストライキ、ボイコット、戦争のような権力闘争より低コストで済む。同様に、紛争解決の規範的基準を中心とする交渉は、当事者が相手にダメージを与える能力を中心とする交渉よりコストがかからない。われわれのコスト重視の視点からは、権利型の手続と権力型の手続を区別することが適切だと考えたのである。

（9）Emerson, R.M. "Power-Dependence Relations." *American Sociological Review*, 1962, 27, 31–41.

（10）Hirschman, A.O. *Exit, Voice, and Loyalty: Responses to Declines in Firms, Organizations and Status*. Cambridge, Mass. Harvard University Press, 1970. この本のタイトルにあるexitは回避、loyaltyは我慢に対応する。voiceは後で議論するように、問題

解決交渉や調停のような利益型の手続において実現されることが多い。

（11）第五の評価規準は手続的正義であるが、これは解決手続の公正さに対する満足として認識される。成果に対するコントロールと発言機会を提供する第三者型の手続を紛争当事者が好むことは、調査で証明されている。Lind, E.A., and Tyler, T.R. *The Social Psychology of Procedural Justice*, New York, Plenum, 1988; Brett, J.M. "Commentary on Procedural Justice Papers." In R.J. Lewicki, B.H. Sheppard, and M.H. Bazerman (eds.), *Research on Negotiations in Organizations*, Greenwich, Conn. JAI Press, 1986, 81-90. 手続的正義については、二つの理由から独立した評価規準にはしなかった。第一に、取引コスト、結果への満足度、関係への影響、紛争の再発可能性の四規準とは異なり、手続的正義は一つの紛争に一つの手続があてられるという水準でのみ意義がある。一つの手続の解決に複数の手続が用いられる場合などにはあてはまらない。たとえば、紛争の結果に対する当事者の満足度は、その解決にいくつの手続が使われたかとは関係なく測定することが可能である。同じように、一つの制度が多くの紛争を処理している場合の満足度も、多数の紛争当事者に彼らの感情を聞くことで測定できる。第二に、手続的正義と分配的正義（結果の公正さに対する満足度）は別々の概念だが、一般にはこの二概念の相関性が高いためである。Lind, E.A., and Tyler, T.R. *The Social Psychology of Procedural Justice*, New York, Plenum, 1988　参照。

（12）Williamson, O.E. "Transactions Cost Economics: The Governance of Contractual Relations," Journal of Law and Economics, 1979, 22, 233-261; Brett, J.M., and Rognes, J.K. "Intergroup Relations in Organizations." In P.S. Goodman and associates, *Designing Effective Work Groups*, San Francisco, Jossey-Bass, 1986, 202-236.

（13）手続的正義と分配的正義、すなわちプロセスへの満足度と結果への満足度の関係に関する実証の要約については、Lind, E.A., and Tyler, T.R. *The Social Psychology of Procedural Justice*, New York, Plenum, 1988.参照。LindとTylerは、プロセスへの発言と満足の関係を示す実証成果もまとめている。第三者の助言を単に受容できる、または拒絶できるという以上の、最終的な解決案の形成に参画することの効果については、Brett, J.M., and Shapiro, D.L. "Procedural Justice: A Test of Competing Theories and Implications for Managerial Decision Making," unpublished manuscript.

（14）Lax, D.A., and Sebenius, J.K. *The Manager as a Negotiator*, New York, Free Press, 1986.

（15）これを支持する実証研究が、調停と裁定、裁判を比較している。要求請求者はいろいろな状況で、裁定より調停を好んでいる。労使関係(Brett, J.M., and Goldberg, S.B. "Grievance Mediation in the Coal Industry: A Field Experiment," *Industrial and Labor Relations Review*, 1983, 37, 49-69)、小規模の要求紛争(McEwen, C.A. and Mainman, R.J. "Small Claims Mediation in Maine: An Empirical Assessment6." *Maine Law Review*, 1981, 33, 237-268)、離婚(Pearson, J. "An Evaluation of Alternatives to Courat Adjudication." *Justice System Journal*, 1982, 7, 420-444).

(16) 公的な重要性が紛争に関与する場合は、交渉による解決より法的手続が常に好まれると主張する評論もある。たとえば、Fiss, O.M. "Against Setlement." *Yale Law Journal*, 1984, 93, 1073-1090.参照。また、紛争当事者にそのような紛争の解決案を押し付けるべきではないということには全員が同意している。しかし、公的利益に影響する紛争の解決を当事者にどれくらい促すべきかについては、まったく不明である。Edwards, H.T. "Alternative Dispute Resolution: Panacea or Anathema?" *Harvard Law Review*, 1986, 99. 668-684.

第2章

(1) Goldberg, S.B., Green, E.D., and Sander, F.E.A. *Dispute Resolution*. Boston, Little Brown, 1985, p.548.
(2) Davis, A.M. "Dispute Resolution at an Early Age." *Negotiation Journal*, 1986, 2, 287-298.
(3) Christopehr Mooreとの会話記録による。May 18, 1987, pp.60-61.
(4) Dunlop, J.T. Dispute Resolution, *Negotiation, and Consensus Building*. Dover, Mass, Auburn House, 1984, p.157.
(5) Davis, A.M. "Dispute Resolution at an Early Age." *Negotiation Journal*, 1986, 2, 289.
(6) Sylvia Skaratekから著者への手紙による。Oct.14, 1987, p.3.
(7) McGovern, F.E. "Toward a Functional Approach for Managing Complex Litigation." *University of Chicago Law Review*, 1986, 53, 440-493.
(8) Ury, W.L. "Strengthening International Mediation," *Negotiation Journal*, 1987, 3, 225-229.
(9) Deborah Kolbへのインタビューに基づく。Oct. 23, 1987.
(10) Millhauser, M. "Corporate Culture and ADR." *Alternatives to the High Cost of Litigation*, 1988, 6, 40-43.参照。

第3章

(1) "The 'Wise Man' Procedure." *Alternatives to the High Cost of Litigation*, 1987, 5, 105, 110-111.

(2) Brock, J. *Bargaining Beyond Impasse*, Dover, Mass. Auburn House, 1982.

(3) Friedman, E. "Dispute Resolution in the Catholic Archdiocese of Chicago." Paper presented at the Dispute Resolution Research Colloquium, Northwestern University, Evanston, Ill. Jan. 13, 1988.

(4) McKersie, R.B., and Shropshire, W.W. "Avoiding Written Grievances: A Successful Program." *Journal of Business*, 1962, 35, 144.

(5) Ibid., p.146.

(6) Bacow, L., and Mulkey, J. "Overcoming Local Opposition to Hazardous Waste Facilities: The Massachusetts Approach." *Harvard Environmental Law Review*, 1982, 6, 265-305.

(7) Susskind, L., and McMahon, G. "The Theory and Practice of Negotiated Rulemaking." *Yale Journal on Regulation*, 1985, 3, 133-165.

(8) Ibid., p.137.

(9) Ibid., pp.160-163.

(10) "CPR Legal Program Proceedings: VII. ADR Contract Clauses." Alternative to the High Cost of Litigation, 1987, 5, 101-103; quoting G.E,Moore, p.101.

(11) Rowe, M.P. "The Non-Union Complaint System at MIT: An Upward-Feedback Mediation Model." *Alternatives to the High Cost of Litigation*, 1984, 2, 10-13.

(12) Kochan, T.A., Katz, H.C., and McKersie, R.B. *The Transformation of American Industrial Relations*. New York, Basic Books, 1986, p.95.

(13) Ibid.

(14) Goldberg, S.B., Green, E.D., and Sander, F.E.A. *Dispute Resolution*. Boston, Little Brown, 1985, p.283-284.

(15) Susskind, L., and Cruikshank, J. *Breaking the Impasse: Consensual Approaches to Resolving Public Dispute*. New York, Basic

Books, 1987, p.145.

(16) Davis, A.M. "Dispute Resolution at an Early Age." *Negotiation Journal*, 1986, 2, 287-298.

(17) Karl Slaikewへの電話インタビューに基づく。Mar, 25, 1988.

(18) 司法関係者、判事、紛争当事者に権力をもっている他の人たちが調停を促すためにその権力を使うべきかどうかは、議論が重ねられてきた問題である。この行為を不適切な強制だとみる評論もあれば、強制になるという要素を認めつつ、紛争当事者が調停でいろいろな結果を自由に選べるという限りにおいては、少しだけ調停にむけて後押しするのはたいしたことではないとする評論もある。Goldberg, S.B., Green, E.D., and Sander, F.E.A. *Dispute Resolution*. Boston, Little Brown, 1985, p.490.参照。

(19) Davis, A.M. "Dispute Resolution at an Early Age." *Negotiation Journal*, 1986, 2, 289.

(20) こうした状況における調停の価値について、慎重ながら、おおむね好意的な見方をしている次を参照。Singer, L.R. "Nonjudicial Dispute Resolution Mechanisms: The Effects on Justice for the Poor." *Clearinghouse Review*, 1979, 13, 569-583.

(21) McGvern, F.E. "Toward a Functional Approach for Managing Complex Litigation." *University of Chicago Law Review*, 1986, 33, 440-493.

(22) Goldberg, S.B., Green, E.D., and Sander, F.E.A. *Dispute Resolution*. Boston, Little Brown, 1985, pp.225-243.

(23) Ibid., pp.271-280.

(24) Ibid., pp.282-283.

(25) Dunlop, J.T. *Dispute Resolution, Negotiation, and Consensus Building*. Dover, Mass, Auburn House, 1984, p.157.

(26) Ury, W.L. *Beyond the Hotline*. Boston, Houghton Mifflin, 1985.

(27) Davis, A.M. "Dispute Resolution at an Early Age." *Negotiation Journal*, 1986, 2, 287-298.

(28) Goldberg, S.B., Green, E.D., and Sander, F.E.A. *Dispute Resolution*. Boston, Little Brown, 1985, p.189.

(29) Ibid.

(30) これは事実上、最も広い意味での裁定の活用である。紛争の解決策を決定するマネジャーは、しばしば当事者の要求を判定する権利がないことがあるし、証拠や論拠を提示する定まった手続を提供していないかもしれない。紛争解決で第三者として行動するマネジャーに関する調査では、マネジャーが次のように多数のことを行なっている様子が示されている。当事者が接触する必要がなくなるように組織構造を組み直す。一方または双方を解雇または配置転換する。自ら調べ決定を下す調査官兼判事として働く。また問題に資源を配分する、などである。Kolb, D.M. "Who are Organizational Third Parties and What Do They Do?" in R.J. Lewicki, B.H. Sheppard, and M.H. Bazerman (eds.), *Research on Negotiations in Organizations*. Greenwich, Conn., JAI Press, 1986, 207-227; Kolb, D.M., and Sheppard, B.H. "Do Managers Mediate or Even Arbitrate?" *Negotiation Journal*, 1985, 1, 379-388; Sheppard, B.H. "Managers as Inquisitors: Some Lessons from the Law." In M.H. Bazerman and R.J. Lewicki (eds.), *Negotiating in Organizations*, Newbury Park, Calif., Sage, 1983.

(31) ただし、Mcgillicuddy, N.B., Welton, G.L., and Pruitt, D.G. "Third-Party Intervention: A Field Experiment Comparing Three Different Models." *Journal of Personality and Social Psychology*, 1987, 53, 104-112.

(32) Goldberg, S.B., Green, E.D., and Sander, F.E.A. *Dispute Resolution*. Boston, Little Brown, 1985, p.282.

(33) McGillis, D. *Consumer Dispute Resolution: A Survey of Programs*. Washington, D.C., National Institute for Dispute Resolution, 1987.

(34)「非停止」ストライキとして知られている。この手続については次に論じられている。 Dunlop, J.T. *Dispute Resolution, Negotiation, and Consensus Building*. Dover, Mass, Auburn House, 1984, p.165; Raiffa, H., and Lax, D.A. "Touchdowns in the Football Impasse." *Los Angeles Times*, Nov. 9, 1987, p.7.

(35) Katz, N., and Uhler, K.L. "An Alternative to Violence: Nonviolent Struggle for Change." In A. Goldstein (ed.), *Prevention and Control of Aggression*, New York, Pergamon, 1983.

(36) Allison, G. "Rules of Prudence." In G. Allison and W. Ury (eds.), *Windows of Opportunity: Toward Peaceful Competition in U.S.-Soviet Relations*, Cambridge, Balinger, 1989.

(37) Rowe, M.P. "The Non-Union Complaint System at MIT: An Upward-Feedback Mediation Model." *Alternatives to the High Cost of Litigation*, 1984, 2, 10-13.

(38) McGillis, D. *Consumer Dispute Resolution: A Survey of Programs*. Washington, D.C., National Institute for Dispute Resolution, 1987, pp.13-14.

(39) フォーラムに関する興味深い議論については、Dunlop, J.T., and Salter, M.S. "Note on Forums and Governance." Harvard Business School Working Paper 0-388-046, 1987.

(40) Kanter, R.M., and Morgan, E. "The New Alliances: First Report on the Formation and Significance of a Labor-Management 'Business Partnership.'" Harvard Business School Working Paper, 87-042, 1987.

第4章

(1) Richard A. Salemとの会話記録による。May 14, 1987, p.13.

(2) Goldberg, S.B., Green, E.D., and Sander, F.E.A. *Dispute Resolution*. Boston, Little Brown, 1985, p.284-285.

(3) Ibid., p.540.

(4) Ibid., pp.541-543.

(5) Graybeal, S. "Negotiating an Accident Prevention Center: The Experience of the Standing Consultative Commission." In J.W. Lewis and C.D. Blacker (eds.), *Next Steps to the Creation of an Accidental Nuclear War Prevention Center*, Stanford, Calif., Center for International Security and Arms Control, 1983, pp.25-38.

(6) 診断と策定プロセスに当事者を関与させるには、調査へのフィードバック、組織改革技法も活用できる。この技法の詳細については、Nadler, D. "The Use of Feedback for Organizational Studies, 1976, 1, 177-186を参照。この手続の実施例は、Peck, D.L., and Hollub, R.H. "Conflict, Intervention, and Resolution: The Third Party's Negotiated Role." Evaluation and Program Planning, forthcoming.を参照。紛争解決制度の策定に調査フィードバックを応用する際には、策定者は制度に関わる多領域の人たちに、紛争の処理様式に関する質問作成に参加するよう求め、その上で、そうした質問項目を含む調査を行なうとよい。調査結果をまとめたら、一連のフィードバック・ミーティングを開催し、この紛争解決制度に関わる人たちが結果を解釈し、改革計画を策定する場にするとよい。こうしたミーティングを管理する技術は以下を参照。Blake, R.R., Sheppard, H.A., and Mouton, J.S. *Managing Intergroup Conflict in Industry*, Houston, Tex., Culf, 1964, and Blake, R.R., and Mounton, J.S. *Solving Costly Organizational Conflicts: Achieving Intergroup Trust*, Cooperation, and Teamwork, San Francisco, Joeey-Bass, 1984.

（7） Susan Wildauとの会話記録による。May 18, 1987, p.31.

（8） Christopher Mooreとの会話記録による。May 18, 1987, pp.33-34.

（9） Alderfer, C.P. "Organization Development." *Annual Review of Psychology*, 1977, 28, pp.197-223; Mirvis, P.H., and Berg, D.N.（eds.）. *Failures in Organization Development and Change: Cases and Essays for Learning*, New York, Wiley, 1977, p.53.

（10） Fihser, R., and Ury, W.L. *Getting to Yes*, Boston, Houghton Mifflin, 1981, pp.118-122.

（11） マルチドア型裁判所の基本となる考え方は、いろいろなタイプの紛争をいろいろな紛争解決手続で分析することにある。たった一つの「ドア」が法廷に導くのではなく、各人が最も適切な「法廷」に行けるように、こうしたセンターが多数のドアを備えている形式である。そうしたドアの中に「裁定」「調停」「オンブズマン」などと記されたものが用意されるのだ。Goldberg, S.B., Green, E.D., and Sander, F.E.A. *Dispute Resolution*. Boston, Little Brown, 1985, p.514.

（12） Edelman, P.B, "Institutionalizing Dispute Resolution Alternatives." *Justice System Journal*, 1984, 9, 134-150.

（13） クリーク炭鉱で直接、鉱夫に対処しなかったことで、われわれは会社側に対する彼らの不信感の強さを取り違えたが、これは悲惨な結果につながる可能性があった。労使関係の他の仲裁人たちも、従業員側と接触しなかったことで失敗していた。Lewicki, R.J., and Alderfer, C.P. "The Tensions Between Research and Intervention in Intergroup Conflict." *Journal of Applied Behavioral Science*, 1973, 9, 423-468.

（14） Michael Lewisとの会話記録による。May 14, 1987, pp.24 and 46.

（15） Staw, B.M. "The Experimenting Organization: Problems and Prospects." In B.M. Staw,（ed.）, *Psychological Foundations of Organizational Behavior*, Santa Monica, Calif, Goodyear, 1977, pp.466-486.

（16） Raymond Shonholtzとの会話記録による。May 12, 1987, p.34.

（17） Christpher Mooreとの会話記録による。May 18, 1987, p.81. 得点計測ができるゲームも、将来の交渉をシミュレートし、当事者に交渉を教えるために使った。McGovern, F.E. "Toward a Functional Approach for Managing Complex Litigation." *University of Chicago Law Review*, 1986, 53, 440-493参照。

（18） Linda Singerとの会話記録による。May 14, 1987, p.22.

（19） Riskin, L.L. "Mediation and Lawyers." *Ohio State University Law Journal*, 1982, 43, 29-60.

(20) Locke, E.A., Shaw, K.N., Saari, L.M., and Latham, G.P. "Goal Setting and Task Performance: 1969-1980." *Psychological Bulletin*, 1981, 90, 125-152.

(21) McKersie, R.B., and Shropshire, W.W. "Avoiding Written Grievances: A Successful Program." *Journal of Business*, 1962, 35, 144.

(22) McKersie, R.B."Avoiding Written Grievances by Problem-Solving* An Outside View." *Personnel Pshychology*, 1964, 17, 377.

(23) Wexley, K.N., and Latham, G.P. *Developing and Training Human Resources in Organizations*, Glenview, Ill. Scott Foresman, 1981.

(24) Davis, A.M. "Dispute Resolution at an Early Age." *Negotiation Journal*, 1986, 2, 287-298.

(25) Michael Lewisとの会話記録による。May 14, 1987, pp.40-41.

(26) Christopher Mooreとの会話記録による。May 18, 1987, p.80. Karl Sleikeuから著者への手紙による。Nov. 5, 1987. Slaikeu, K.A., and MacDonald, C.B. *Conflict Resolution in Churches: A Model for Systems Consultation*. Austin, Tex., Center for Conflict Management, 1987.

(27) プログラム評価の理論と実践が調査の全体像になるが、ここではそれに言及するのみとする。

(28) Walton, R. "Diffusion of New Work Structures: Explaining Why Success Didn't Take." In P.H. Mirvis and D.N. Berg (eds.), *Failures in Organization Development and Change*, New York, Wiley, 1977, pp.243-263.

(29) Goldberg, S.B., Green, E.D., and Sander, F.E.A. *Dispute Resolution*. Boston, Little Brown, 1985, pp.226, 372.

第5章

(1) 山猫ストライキとは、団体交渉契約の期間中に作業を停止することで、契約では承認されていない行為である。

(2) 単独のピケは経営者側が認知しようとせず隠れてしまうことが多かったため、鉱夫たちが組合として団結を示そうとして、ほとんどいつも同情型のストライキになっていた。

(3) 連邦判事は、裁定可能な事案に対するストライキを暗黙に禁止している、UMWAとBCOA間の団体交渉協定を守らせようとした。

（4）ＢＣＯＡの資料からのデータ。

（5）Getman, J.G., Goldberg, S.B, and Herman, J.B. *Union Representation Elections: Law and Reality*, New York, Sage, 1976.

（6）こうした役職者にアクセスできたのは、ゴールドバーグの石炭産業における裁定人としての評価によるものである。それまでの三年間、彼は約二五〇件の裁定を担当していた。

（7）Kerr, C., and Siegal, A, "The Interindustry Propensity to Strike – An International Comparison." In A.W.Kornhauser, R. Dubin, and A.M. Ross (eds.), *Industrial Conflict*, New York, McGraw-Hill, 1954.

（8）Dix, K., Fuller, C., Linsky, J., and Robinson, C. *Work Stoppage in the Appalachian Bituminous coal Industry*, Morgantown, W.V., Institute for Labor Studies, 1972.

（9）この点を調べるためには、山猫ストを次の三つに分類する必要があった。現地ストライキ、同情型ストライキ、政治的または全国的組合問題によるストライキ。現地ストライキは、単独の炭鉱に限定されるストである。同情型ストライキは、ピケが炭鉱から炭鉱へと広がるものである。鉱夫は山猫ストを政治的な武器としても使っていた。たとえば、１９７５年、州政府の提案した学校教科書の記述変更に抗議し、ピケ団体が各地を移動し、ウエスト・ヴァージニア州のほとんどの炭鉱を閉鎖した。翌七六年に拡大したストライキは、鉱夫の健康福祉政策の全国的な変更に抗議するものだった。この調査では、現地ストライキに関するデータのみを使っている。

（10）われわれに提供されたＢＣＯＡの記録は十分ではないことが明らかになった。その信頼性は低く、ストが起こっていない炭鉱に関する情報は載っていなかった。そこでＵＭＷＡ契約を結んでいる会社に対象を変え、操業している炭鉱を明示し、各炭鉱についての次の情報の提供を求めた。一九七五～七六年のストライキ記録、炭鉱の従業員数、採炭過程、炭鉱所在地、採炭タイプ（表層か地下坑か）、生産性、負傷率、山猫ストへの対処方針。調査方法に関する詳細については次を参照。Brett, J.M., and Goldberg, S.B. "Wildcat Strikes in Bituminous Coal Mining." *Industrial and Labor Relations Review*, 1979, 32, 465-483.

（11）産業全体のデータを分析し、スト頻度の高い炭鉱の生産性が低いとの結論を出したJames Medoffは、われわれよりも洗練された方法によって一九八〇年にこちらのデータを再分析し、生産性と山猫ストには相関性がないことを再確認した。

（12）ウエスト・ヴァージニアで一七区を選んだのは二つの理由がある。第一は、そこがスト頻度が七五～七六年に炭鉱あたり三・九と三番目に高い地区だったこと。第二は、この地区が調査に協力してくれると考えられたためである。ゴールドバーグがここで何度も裁定を行なっており、地区組合の指導部と会社側の労務担当者とは良い関係を築いていたのである。協力を得るため、ゴールドバーグが一七区の代表ジャック・ペリーおよび各社の代表者に会った。さらに四つの炭鉱それぞれの炭鉱委員会と各地の現地組合の代表たちとも会談した。

(13) この調査の正当性を示し、協力を最大限に獲得するため、われわれは多彩な方法を試した。炭鉱委員会との会合のほかに、鉱夫ひとり一人に調査目的を書いた手紙に、われわれがUMWA代表アーノルド・ミラーからもらった手紙の写しを添えて送った。こうした努力が功を奏し、一二四名の鉱夫のうち参加を拒んだのはわずか二名だった。

(14) 裁定検討理事会は石炭産業で七四年から七九年まで機能し、全裁定決定の約一〇%を再吟味していた。

(15) 当時効力のあったUMWA憲章は、組合が承認していないストに鉱夫が加わることを禁止しており、これを破った場合は二〇〇ドルまでの罰金を科していた。

(16) Walton, R. *Interpersonal Peacemaking: Confrontations and Third-Party Consultation*, Reading, Mass., Addison-Wesley, 1969.

(17) Blake, R.R., Sheppard, H.A., and Mouton, J.S. *Managing Intergroup Conflict in Industry*, Houston, Tex., Gulf, 1964.

(18) Campbell, J.P., and Dunnette, M.D. "Effectiveness of T-Group Experiences in Managerial Training and Development." *Psychological Bulletin*, 1968, 70, 73-104.

(19) 態度変容に関する文献は、態度は行動変容の後に変化するということをはっきり示している。McGuire, W.J. "The Nature of Attitudes and Attitude Change." In G. Lindzey and E. Aronson (eds.), *Handbook of Social Psychology*, Reading, Mass., Addison-Wesley, 1969, 3, pp.136-314.

(20) 現在のＵＭＷＡ憲章は、ストの承認権を全国代表のみに与えているが、承認なしにストを行なった組合員への罰則規定は定めていない。

(21) The President's Commission on Coal. Labor-Management Seminar III, "Factors Affecting Wildcat Strikes." Washington D.C., U.S. Government Printing Office, 1979, pp.1-9, 70-74.

第6章

（1）ウィリアムズやセクストンをはじめクリーク炭鉱の労使の役員氏名はすべて仮名である。

（2）先に論じたように、契約上の不服処理手続には四段階ある。第一段階では、鉱夫が自分の職長に話し、第二段階では、炭鉱委員会と上位の管理職が交渉に加わる。第三段階では、地区組合代表が交渉による解決にむけた最後の努力をする。第四段階で裁定になる。

（3）鉱夫と操縦員との間の契約では、鉱夫やレイオフされた鉱夫の中の資格ある候補者から補充されなかった職務は、新しい従業員に与えられることになっていた。

（4）Schein, E.H. *Organizational Psychology*,（3rd ed.）, Englewood Cliffs, N.J., Prentice-Hall, 1980, pp. 22. 24.

（5）The President's Commission on Coal. Labor-Management Seminar III, "Factors Affecting Wildcat Strikes." Washington D.C., U.S. Government Printing Office, 1979, p. 63.

（6）Kolb, D.M. "Who are Organizational Third Parties and What Do They Do?" in R.J. Lewicki, B.H. Sheppard, and M.H. Bazerman（eds.）, *Research on Negotiations in Organizations*. Greenwich, Conn., JAI Press, 1986

（7）著者との電話による。Feb. 15, 1988.

（8）Ibid.

（9）著者との電話による。Mar. 3, 1988.

第7章

（1）オフの日の業務は、前例と習慣に従って平等に配分されなければならない。一九七一年度全国軟炭業賃金協定第Ⅳ章C節の（7）。

（2）Brett, J.M., and Goldberg, S.B. "Wildcat Strikes in Bituminous Coal Mining." *Industrial and Labor Relations Review*, 1979, 32, 465-483.

（3）これは契約上の不服に関する「手続」とすべき方式であり、われわれはそれに従ったが、関与するのは一つの手続ではなく二つだったことを明記しておきたい。三段階式の交渉手続の後に裁定手続がくる。

（4）Vaca v. Sipes, 386, U.S. 171, 1967

（5）Fleming, R. W. *The Labor Arbitration Process*, Urbana, University of Illinois Press, 1967.

（6）Goldberg, S.B. “The Mediation of Grievances under a Collective Bargaining Contract: An Alternative to Arbitration.” *Northwestern University Law Review*, 1982, 77, 270-315. これらの数字は、不服調停が広く用いられていることを示すものではない。一九七九年には、米国のすべての団体交渉協定のうち不服調停を定めたものはわずか三％にすぎず、手続もめったに使われなかった。事実、雑誌の論文がたまに不服調停の活用を示唆する以外、この手続は一九八〇年代の前半までは米国の労使関係ではほとんど知られていなかった。

（7）Goldberg, S.B., and Hobgood, W.P. *Mediating Grievances: A Cooperative Solution*. Washington, D.C., Bureau of Labor-Management Relations and Cooperative Programs, U.S. Department of Labor, 1987.

（8）調停裁定混合型の使用に対する賛否の議論は第三章を参照。われわれの提案した介入の調停部分を維持したいという気持ちも、いくつかの産業が旧来の裁定のコストと費用を削減しようとして使った高速裁定を否定することになった。いくつかの点で高速裁定にはメリットが見られたが、それでも利益型交渉を補助するというよりは、低コストの裁判くらいにしかならなかったのである。

（9）調停が使えるという状況も、一部の裁定人には不評だった。彼らは調停によって裁定人の需要が減る恐れがあると不安になっていたのだ。裁定人の反対自体は、労使が調停を実験する妨げにはならなかったが、尊敬されている裁定人が好ましくないとの立場をとれば、両者の決断に影響しかねた。われわれは、裁定人たちに調停人の役割を学び、演じることから調停に関心をもってもらい、こうした潜在的な反発の源を絶とうとした。

（10）一九八一年四月初め、裁定の諸費用は参加した会社と地区組合がすべて負担した。

（11）Valtin, R. “Discussion: Mediation of Grievances.” Proceedings, 35th Annual Meeting, Industrial Relations Research Association, Madison, Wis., Industrial Relations Research Association, 1983, pp.260-264.

（12）Warren, J. “Mediation Cools Off the Coalfields.” *Chicago Tribune*, Oct. 8, 1986, Sec.3, p.1, Chicago Tribune社の許可を得た上で使用している。

（13）各ケースの後、調停人は解決が成立したかどうか、解決した場合はその内容についてのレポートをわれわれに提出した。

この形式はその後、調停人のケース手数料を含め、関係者に対するわれわれの年次報告書の基本になった。

(14) 残りの二七％は、調停終了後に解決が成立したため、詳細についてはわからない。

(15) Sarno, F. "A Management Approach." Proceedings, 36th Annual Meeting, National Academy of Arbitrators, Washington, D.C., Bureau of National Affairs, 1984, pp.136–139. （第三段階での解決率はインディアナでは目に見えて向上し、イリノイではほぼ同じレベルにとどまっていた。）

(16) 裁定平均は産業全体ではなく、二八区のみの数字である。ここは他のどの地区より調停が多かった。

(17) 機会さえあれば、われわれは調停人には会社の業務を妨げるような権力はないのだということを説明していた。調停での根拠の薄弱な合意に立ち入る会社側代表だけがその権力をもっていた。対照的に、裁定人は会社代表の同意なしに、またその決定が会社の業務に及ぼす影響に関わらず、拘束力のある決定を発する権力をもつ。

(18) ある石炭会社と他産業の別の会社は、この理由で調停を停止した。当事者のどちらかが、合理的な歩み寄りを難しくするような圧力にさらされる場合には、この手続がうまく機能しないことが、調停への一つの制約になると思われる。会社にとっては、こうした圧力は、調停で会社側となる労務担当者を指揮する力をもった業務担当者がかけるかもしれない。当事者同士の利益が合いそうに見える合意も揺るがされるように、そうした権力が使われている会社があることには、われわれも気づいていた。組合はもう会社とは調停を続けようとはしないのではないか、とわれわれは考えていた。

(19) ＭＲＥＰの役員会は、ブレット、ゴールドバーグ、ウィリアム・ホブグッド、ロルフ・ヴァルティンで構成されており、ＭＲＥＰ事務局は一九八三年の開設以来、ドーン・ハリスの有能な監督下で運営されている。

(20) 鉄道産業での裁定への依存度の高さは、当事者ではなく米国政府が裁定人の手数料と経費を支払っていることにもある。Nolan, D.R., and Abrams, R.I. "American Labor Arbitration: The Early Years." *University of Florida Law Review*, 1983, 35, 373–421.

(21) Goldberg, S.B. "The Mediation of Grievances under a Collective Bargaining Contract: An Alternative to Arbitration." *Northwestern University Law Review*, 1982, 77, 270–315.

(22) 紛争解決に裁判以外の方式を使うことに弁護士が反対する傾向は、不服調停での同じ傾向以外でも指摘されている。Riskin, L.L. "Mediation and Lawyers." *Ohio State University Law Journal*, 1982, 43, 29–60; Goldberg, S.B., Green, E.D., and

Sander, F.E.A. *Dispute Resolution*. Boston, Little Brown, 1985, pp.486-488.、裁定で弁護士が当事者の代理をすることは禁じられているので、経済的理由を根拠に弁護士が反対するのはここでは問題に該当しない。

(23) 全国的な裁定の平均費用は、一九八三〜八六年で一四〇八ドルであり、裁定に委ねられてから、裁定結果を受け取るまでの平均時間は二三五日だった。Federal Mediation Conciliation Service, 39th Annual Report, Fiscal Year 1986, Washington, D.C., U.S. Government Printing Office, 1988.

第8章

(1) Goldman, R.M., From Warriors to Politicians: Party Systems as Institutional Alternatives to Warfare, unpublished manuscript.参照。

謝辞

石炭産業における三つのプロジェクトを振り返ると、しかるべき手応えを感じつつも、とりとめなく流れていった感覚もある。ある日突然、自ら「平凡だ」と言い続けてきたはずの人生に仰天したモリエールのムッシュー・ジョーダンのように、われわれも自分たちが何を言ってきたのか、知りたい思いだ。われわれは調停人ではなかった。つまり、特定の紛争を解決しようとしているのではなかった。取り組んでいたのは、紛争当事者に彼らの紛争処理の方式を変えさせることだった。

そうした経験と、家族から企業まで、近隣住民から国家間までと幅広い領域で、われわれが紛争解決システムの策定と呼ぶようになった作業に携わっている人たちの経験を提示することを中心に、本書を著すことにした。

われわれは、多くの人々と組織による助力に支えられてきた。体験と知恵を何時間もかけて教えてくれた策定者たちが、視野を広げ、視点を深めてくれた。リチャード・チェイスン、ジョン・ダンロップ、メアリー・マーガレット・ゴルトゥン、エリック・グリーン、ウィリアム・ホブグッド、デボラ・コルブ、マイケル・ルイス、バーナード・メイヤー、マーグリット・ミルハウザー、ロバート・ムヌーキン、クリストファー・ムーア、リデャード・セーラム、カール・シュナイダー、レイモンド、ションホルツ、シルビア・スクラテック、リンダ・シンガー、カール・スレイキュー、ローレンス・サスカインド、マーティ・ヴァン・パリュス、スーザン・ウィルドォウ。彼らの仕事によって、いろいろな状況に応用できる一般的な策定原則があることの確認ができた。

草稿の段階から目を通してくれた人々からのコメントに、本書は無限の恩恵を受けている。そうしたコメントのおかげで、われわれだけでは逃げてしまったかもしれない難しい問題点にも向き合うことができた。インタビューした策定者の多くが惜しみなく知恵を授けてくれた。グラハム・アリソン、ジェームズ・アンダーソン、マックス・ベイザーマン、フィリップ・カズンズ、ハリー・エドワーズ、ジュリアス・ゲトマン、トーマス・コーチャン、ダヴィッド・ラックス、マイケル・リロイ、ロイ・レビッキ、マーティン・リンスキー、ロバート・マッカーシー、ジェフリー・ルービン、マーク・サーカディー、フランク・サンダー、マーク・ソマー、ロルフ・ヴァルティン。一人一人に心から感謝を述べたい。そして、ステファン・ベイツは第一級の編集をしてくれた。

ハーバード大学ロー・スクールのプログラム・オン・ネゴシエーション、ノースウエスタン大学DRRC（紛争解決研究センター）、フランスのエクス・マルセイユ大学企業経営研究所での研究会からも豊かな情報のフィードバックが与えられた。

ジョアン・ディロン、メリッサ・フェレル、ジェシー・ジョンソン、リンダ・レイン、ジュリー・マクラフリン、ルシア・ミラーは、われわれの作業を丁寧かつ優秀に調整し、管理してくれた。リサ・バートジック、ベス・カタルド、ジョン・サンタは、参照文献をすべてチェックし、整えてくれた。最終版の編集はベス・カタルドが行ってくれた。

山猫スト研究（第5章）は全国科学財団の助成を、不服調停の最初の実験（第6章）は合衆国労働省の助成を受けている。本書の出版助成は、ジーン・ブレットには、J・L・ケロッグ記念講座（紛争解決論および組織論）教授職が、スティーブン・ゴールドバーグには、ジュリアス・ローセンソール記念基金およびノースウエスタン大学ロー・スクール・キャサリン・M・ハイト記念研究基金が、そしてウィリアム＝

フローラ・ヒューレット財団の基金によるノースウエスタン大学紛争解決研究センターが全員をサポートしてくれた。ウィリアム・ユーリは、カーネギー・コーポレーションによる、ジョン・F・ケネディ行政大学院の核戦争回避プロジェクトによって本書の執筆を助成されている。

ジョシー・バス社の編集者ウィリアム・ヒックスは、本書を仕上げるべく、編集上の貴重な助言を与え、やさしく知的に導いてくれた。エリザベス・シャーウッドは、彼女の優れた編集の才能をいかんなく発揮し、原稿を刷新し、心のこもったサポートをしてくれた。感謝の言葉は尽きない。

最後に、鉱夫と管理職の方々に心からの感謝を述べたい。山猫スト研究に参加してくれた人々、クリーク炭鉱で一緒に作業してくれた人々、不服調停を確立するのを手伝ってくれた人々。彼らの激励がなければ、本書は誕生しなかった。

訳者あとがき

Getting Disputes Resolved: Designing Systems to Cut the Costs of Conflict は、社会人類学（William L. Ury）、社会心理学（Jeanne M. Brett）、法学（Stephen B. Goldberg）という学際的なチームによる実践的な紛争解決論である。地道な問題解決のプロセスを、診断、分析、設計、実行の各段階から明快に解説したものであり、派手なコンセプトによる飾りはないが、組織と社会には必然的に発生するコンフリクトと紛争への対処に本格的にアプローチした実用性の高い書である。

中に登場する「対立（conflict）」、「紛争（dispute）」、交渉などの概念は、学術研究対象としての認識は日本ではまだ浅い。しかし、本書が出版された一九八〇年代の終わり、そしてハーバード大学法科大学院《ロー・スクール》Program on Negotiation（PON）からペーパーバック版が出される一九九〇年代と、原題のコンフリクトや紛争、そしてそれらの解決と制度は、わが国においても驚くほど急速に、日常的な用語になってきた。その意味では、これらは比較的新しい概念ながら、実務需要は高まりつつある。

こうした注目のギャップの理由の一つには、これまでの日本にはディスピュートを抑止する、あるいはコンフリクトを顕在化させない社会的な価値観と仕組が形成されていたことを指摘できる。最近のわれわれの調査データでも、日本人は協調性や同調性を相互に期待する集団主義的価値観を示すし、なかに比較的個人主義度の強いグループがあっても、対等意識と上下意識の強さを対比する尺度では、階層重視型の価値観を示している（J. Brett & T. Okumura, Inter- and Intra-Cultural Negotiation, *Academy of Management Journal*, Vol. 41, No.5, 1998; K. Wade-Benzoni, et al., Cognitions and Behavior in Asymmetric Social Dilemmas,

Journal of Applied Psychology, Vol. 87, No.1, 2002)。こうした集団志向性や階層重視の文化は、一般的な組織構造とも補完し合い、コンフリクトを上下の枠組の中で吸収する規範や慣習を生んだ。また経済成長を背景にした、年功序列や終身雇用など共同体的な経営慣行も、安定性や長期的関係への期待を醸成し、ディスピュートに至るまでコンフリクトを激化させることは少なかった。

しかし、こうした事情は大きな変換期を迎えている。労働力移動の活発化や人事評価制度の改革は、過去の日本的経営慣行が期待させてきた企業と個人の間の関係性を変えつつある。働き方の多様化、雇用・賃金制度の変更、リストラ、雇用契約の個別化や労組の組織率の低下などで、企業と従業員個人との個別労使紛争が増えている。社会的価値観や家族形態の変化は、離婚の顕著な増加となって現われている。また企業や行政の行動に透明性や情報開示を求める動向は、環境問題などの現場や紛争もビジュアルに伝達するようになっている。そこでは高層マンションの建設や大型店舗の営業をめぐる近隣住民と業者の対立（コンフリクト）、反対運動から公開説明会のやりとりや係争（ディスピュート）などが映像で伝えられることも一般的になってきた。

問題は、こうした対立や紛争をどのように解決するか、という実践的な技術と具体的な方法である。しかし、言あげせぬことを美徳とし、コンフリクトを未然に抑える社会的装置を整えることに知恵が傾けられ、そうした装置がしかるべく機能してきた環境では、逆に、対立や紛争を解決する「技術」は育ちにくい。海外の民族対立のように、根深く厳しい問題に対して、「話し合い」による解決を求める声が空疎に聞こえるのは、解決のための「技術」の裏づけがないためである。メディアが伝える国内の開発業者対近隣住民の紛争では、感情的になった住民側が暴力的に映るシーンもある。過去の枠組では、弱者ないし被害者的に扱われることが多かったはずの一般住民が、実は自らの行動で訴えられうる場合さえあるのだ。これは、紛争解決の知識と技術の欠落がもたらす現実の一端である。

本書の提示する簡潔なＩＲＰ（利益、権利、権力）モデルは、問題の構造を明快に分類し、制度策定構想は、問題解決の評価規準、解決技術、そして総合的な手続設計という具体的で実践的な方法を提示している。

本書は二部構成になっている。第1部は、紛争の構造解説から、紛争解決の仕組の診断と分析、そして効率的な解決法の設計。第2部は、具体的な事例を教訓とした紛争解決制度の構築と実施である。

第1章は、紛争の性質と、その解決に用いられる方法の分類である。紛争解決には、当事者の利害関係を交渉し調整する利益型、どちらに権利があるかを決めることで処理する権利型、誰により大きな権力があるかを決めることで処理する権力型がある。この三つの様式の質的な違いは、四つのコスト規準、①取引コスト（紛争に費やされる時間、金銭、心理的精神的エネルギー、消耗する資源や破壊される資源、機会損失）、②結果への満足度、③関係への影響、④紛争の再発可能性、によって峻別、判断される。こうしたコストが総合的に低い方式による成果がより良い解決といえ、一般には利益型、権利型、権力型の順にコストが高くなる。しかし、すべての紛争が利益中心の交渉で解決されるわけではないので、状況に対応する権利型や権力型の手続も準備しなければならない。

第2章は、紛争のタイプ、現在の処理様式、その方式が使われている理由の三つの焦点から、状況を診断する。利益型以外の手続が使われている場合は、①手続、②動機、③技術、④資源が不足していないかをチェックする。この所見による欠落を補うことで、低コストで解決を導くための手続改善、必要となる変革を導入するための準備が始まる。

第3章は、個別の解決ではなく、組織全体として備えるべき解決制度の策定を六つの指針から提示する。①利益を中心にし、②紛争当事者を交渉〔話し合い〕に戻す「ループバック」手続を組み込み、③交渉が機能しないときのための、低コストの権利型と権力型の方式を準備する。④紛争が起こる前に行なう協議（コンサルテーション）手続と、紛争が起こってから建設的なフィードバックを与えられる手続を設計し、紛争をできるだけ回避する。⑤諸手続をコストを基準にして低コストから高コストの順に配置する。⑥これらの手続を実際に働かせるのに必要な動機づけ、スキル、資源を提供できるようにする。

第4章は、組織の本質と組織革新のモデルを論じている。紛争解決制度の策定は、技術的な作業だけでなく、改革への支持を獲得し、抵抗勢力への措置を講じ、制度を使う人たちを動機づけるという、きわめて政治的な作業も含む。紛争当事者や関係者を参加させて、その知恵と知識を活かしながら、診断、設計、実行のプロセスに巻き込み、改革を当人たちのものとすることが重要になる。

第5章は、実地調査の軌跡であり、深刻な労働争議に悩む職場での、貴重な診断と分析である。

第6章は、労使紛争の常軌化により閉鎖の危機にさらされていた炭鉱での診断、改革計画の策定、実行の補助、制度の定着に至る努力の軌跡であり、泥沼化した労使紛争の渦中で、信頼関係を再構築し、より良い解決を導く制度を整えていったプロセスである。

第7章は、経験と教訓を普及させるプロセスである。裁定が一般的だった当時、低コストだが、結果への満足度の高い、新しい技術としての調停を導入する過程である。この新しい方式に対する強い抵抗への対処は、特に注目に値する。

そして第8章は、紛争解決制度策定の必要性と展望によって結んでいる。

欧米のビジネス・スクールとロー・スクールでは、紛争解決論、交渉論、コンフリクト・マネジメント論は定番の教科である。一九九六年の国際学会（International Association for Conflict Management）で報告された「大学院レベルの紛争解決論教育で使用されている教科書ランキング」では、対象全一一六タイトル中、本書が第六位にランクされている。評点は0から3までの4ポイントスケールで、平均ポイントが2を超えるのは本書を含む七冊しかない。また本書は上記の領域の他、管理者行動論、経営組織論、企業の買収合併論、戦略提携論などの領域でも引用されている。

降雨と同じように、組織や関係に対立や争いが生じるのは防ぐことはできない。大切なのは、発生した争いを解決する技術と方法である。問題の規模が小さいうちに処理できれば良いが、小さな問題を察知したり、それに取り組む行動を阻む心理的なバイアスが人間や組織の本性に組み込まれている（M・ベイザーマン／M・ニール著『交渉の認知心理学』白桃書房、一九九七）。これが時に人災となって集中豪雨を招くことがある。本書は、紛争解決制度を治水システムになぞらえた。長野県のダム建設をめぐる論争が象徴的であるように、治水システムの設計にも本当の目的と裏の目的があり、改革の策定と実行には、組織的な抵抗がある。これに対処する技術の欠如がもたらす社会的費用は、莫大なものになる。コンフリクトがもたらすコストの重大さ、解決の質の違い、そして解決技術と向き合うことの大切さの認識が学ぶべき第一歩である。

大和言葉には、「話し合い」という美しい表現がある。本書の示す、紛争の診断枠組と解決手続の制度策定は、話し合いのための技術基盤を提供するものと確信する。

本書の刊行に際し、大変お世話になった白桃書房大矢栄一郎氏に心から感謝したい。

訳者

追記（二〇〇八年一〇月）

同じ言葉が領域によって異なる意味で用いられたり、同じ機能をいう用語も領域によって異なる訳語になっていることは少なくない。本書では、mediation、mediatorを調停、調停人、arbitration、arbitratorを裁定、裁定人とし、interventionを仲裁としている。経営学、政治学ではこれでよく、法学ではarbitrationに仲裁が当てられ、マスメディアでは混用していることが多い。いずれも第三者の機能ながら、大切な違いは、調停《メディエーション》においては調停人から提示される解決案には紛争当事者に対する強制力や拘束力がないこと、裁定《アービトレーション》においては裁定人から提示される解決案に規定上の拘束性があることである。

なお、本書は米国でロングセラーとなり、ソフトカバー版がハーバード大学交渉研究センターから出され、また日本語版の他すでにスペイン語、タイ語、中国語版が出ているが、刊行後20年を経て、今秋フランス語版が出版される。

著者紹介

ウィリアム・L・ユーリ（William L. Ury）

ハーバード大学Program On Negotiation（交渉総合プロジェクト）の創設者であり責任者。著書は23カ国語に翻訳された世界的ベストセラー『ハーバード流交渉術（*Getting to Yes*）』や『NOと言わせない交渉術』の邦訳の他，*Getting to Peace*（1999），*The Third Side*（2001）など多数。米大統領府危機管理センター顧問，ハーバード大学法科大学院核交渉研究所長の他，ハーバード・ビジネス・スクール教授，中東，バルカン諸国，旧ソ連などの国際紛争に関する政府アドバイザーなどを歴任。

ジーン・M・ブレット（Jeanne M. Brett）

ノースウエスタン大学ケロッグ経営大学院教授。

同大学院DRRC（紛争解決研究所）創設以来の所長を務め，ハーバード大に並ぶ交渉研究拠点に育てる。1981年にケロッグ経営大学院エグゼクティブ・プログラムに初めて交渉講座を設置，以来ＭＢＡとエグゼクティブ向けの優れた交渉教育システムを築く。著書 *Negotiating Globally*（2001），*Union Presentation Elections: Law and Reality*（1976），*Causal Analysis: Assumptions, Models and Data*（1984）の他，交渉，異文化交渉関係の学術論文多数。

スティーブン・B・ゴールドバーグ（Stephen B. Goldberg）

ノースウエスタン大学法科大学院教授。

紛争解決論のパイオニアであり，調停と裁定による紛争解決実践の第一人者。ドレクセル・バーナム・ランバート社の債務処理に関わるSEC（米証券取引委員会）のアドバイザーや米大リーグの裁定人（1981年より11年間）等，多彩な領域の交渉と紛争解決実務を担当している。非営利団体Mediation Research and Education Project, Inc.代表。著書*Dispute Resolution: Negotiation, Mediation, and Other Processes*（1985），*Union Presentation Elections: Law and Reality*（1976）の他，紛争解決論，調停論関係の論文多数。

■ 訳者紹介

奥村 哲史（おくむら　てつし）

1959年札幌生まれ。博士（商学：早稲田大学）。滋賀大学教授から名古屋市立大大学院，東京理科大学を経て，2020年４月より東洋大学経営学部教授。ノースウエスタン大学ケロッグ経営大学院 DRRC（紛争解決研究センター）フェロー（1994-2018年）の他，フランス ESSEC 経営大学院，スペイン・セビリア大学大学院心理学研究科等で客員教授を務めた。

専攻：ネゴシエーションと紛争解決，管理者行動，組織行動論

著訳書：『交渉のメソッド：リーダーのコア・スキル』（訳，白桃書房，2014），『予測できた危機をなぜ防げなかったのか：組織・リーダーが克服すべき３つの障壁』（訳，東洋経済新報社，2011），『影響力のマネジメント：リーダーのための実行の科学』（訳，東洋経済新報社，2008），『ロースクール交渉学』（共著，白桃書房，2005），『交渉力のプロフェッショナル：MBA で教える理論と実践』（訳，ダイヤモンド社，2003），『「話し合い」の技術：交渉と紛争解決のデザイン』（訳，白桃書房，2002），『組織のイメージと理論』（共著，創成社，2001），『経営学入門』（共著，宝島社，2000），『マネージャーのための交渉の認知心理学』（訳，白桃書房，1997），『マネジャーの仕事』（共訳，白桃書房，1993），『ウルトラマン研究序説』（共著，中経出版，1992）

論　文：Academy of Management Journal, Journal of Applied Paychology, Negotiation Journal, Journal of Experimental Psychology, Journal of International Management, Management and Organization Review, 日本語版ハーバード・ビジネスレビュー，一橋ビジネスレビュー，季刊労働法，日本労働研究雑誌などに交渉関係の論文。

■「話《はな》し合《あ》い」の技術《ぎじゅつ》
—交渉《こうしょう》と紛争解決《ふんそうかいけつ》のデザイン—

■発行日——2002年６月26日　初 版 発 行　〈検印省略〉
2024年５月16日　初版６刷発行

■訳　者——奥村哲史《おくむらてつし》

■発行者——大矢栄一郎

■発行所——株式会社 白桃書房《はくとうしょぼう》
〒101-0021　東京都千代田区外神田5-1-15
☎03-3836-4781　Ⓕ03-3836-9370　振替00100-4-20192
https://www.hakutou.co.jp/

■印刷・製本——藤原印刷

 ISBN978-4-561-22367-2 C3034